Heike Hanna Gathmann · Das Haus & If Elvis Could Live

Heike Hanna Gathmann

Das Haus & If Elvis Could Live

Zwei Erzählungen

p u b l i c   b o o k   m e d i a   v e r l a g

FRANKFURT A/M * WEIMAR * LONDON * NEW YORK

Die neue Literatur, die – in Erinnerung an die Zusammenarbeit Heinrich Heines und Annette von Droste-Hülshoffs mit der Herausgeberin Elise von Hohenhausen – ein Wagnis ist, steht im Mittelpunkt der Verlagsarbeit. Das Lektorat nimmt daher Manuskripte an, um deren Einsendung das gebildete Publikum gebeten wird.

Bibliografische Information der Deutschen Nationalbibliothek
Die Deutsche Nationalbibliothek verzeichnet diese Publikation in der Deutschen Nationalbibliografie; detaillierte bibliografische Daten sind im Internet abrufbar über http://dnb.d-nb.de.

Websites der Verlagshäuser der Frankfurter Verlagsgruppe:

www.frankfurter-verlagsgruppe.de
www.frankfurter-literaturverlag.de
www.frankfurter-taschenbuchverlag.de
www.publicbookmedia.de
www.august-goethe-literaturverlag.de
www.fouque-literaturverlag.de
www.weimarer-schiller-presse.de
www.deutsche-hochschulschriften.de
www.deutsche-bibliothek-der-wissenschaften.de
www.haensel-hohenhausen.de
www.prinz-von-hohenzollern-emden.de

Gedruckt auf säurefreiem, alterungsbeständigem Papier, hergestellt aus chlorfrei gebleichtem Zellstoff (TcF-Norm).

Printed in Germany

ISBN 978-3-86369-247-6

Im Verlag public book media erscheinen regelmäßig Werkstattausgaben, die der Verfasser gestaltet und die vom Verlag auf Wunsch des Autors/der Autorin nicht durch Lektorierung standardisiert werden. Das Buchprogramm gewährt somit unmittelbare Einblicke in den Arbeitsprozess eines Schriftstellers. Der Verlag bittet deshalb um Verständnis für etwaige Besonderheiten und Regelabweichungen, Gestaltungsformen, die so individuell sind, dass sie als grammatische oder Satzfehler missverstanden werden können oder jedenfalls einen authentischen Einblick in die Schriftstellerwerkstatt gewähren.

Ein Unternehmen der Holding
FRANKFURTER VERLAGSGRUPPE
AKTIENGESELLSCHAFT
In der Straße des Goethehauses/Großer Hirschgraben 15
D-60311 Frankfurt a/M
Tel. 069-40-894-0 • Fax 069-40-894-194
E-Mail lektorat@frankfurter-literaturverlag.de

Inhalt

Das Haus

Eine Erzählung

„Eine faschistische Haltung bedeutet die Unfähigkeit zur Liebe, heisst das Faustrecht des Stärkeren und - Angst und Kälte."

I.

Sophie nahm ängstlich den Telefonhörer ab und begann auf der Tastatur mit den Zahlen zu spielen. Kein Wort würde sie herausbringen, dachte sie verzweifelt. Ein heftiger Schmerz durchzog ihre rechte Wangenhälfte bis in die Zungenspitze hinein. Vergleichbar mit einer in die Haut stechenden Nadelspitze. Für betrunken, schlimmstenfalls für nicht zurechnungsfähig würde sie der Angerufene am Telefon halten. Klang die Stimme des Unbekannten selbstsicher, skeptisch oder abweisend würde sich der spastische Krampf verstärken. Sophie rang nach frischer Luft und versuchte, ruhig aus- und einzuatmen. Vielleicht liess sich die Sprechblockade auf einen Verlust an Selbstvertrauen und auf einen Schock zurückführen. „Mutter ist gestorben!", tönte die bestimmende Stimme von Sophies Schwester auf ihrem Anrufbeantworter. Sie erinnerte sich an den furchtbaren Schrecken und die grosse Traurigkeit, die sie in der nächsten Sekunde überfiel. An den bitteren Geschmack des billigen Heringsalates, den sie gerade in der Küche ihrer kleinen Berliner Hinterhofwohnung ass. Seitdem sollte sie jeder Heringssalat an die verstorbene Mutter erinnern, obgleich seit ihrem Tod zehn Jahre vergangen waren. Sie dachte an den verwirrten, entflogenen Kanarienvogel, der zu diesem Zeitpunkt mit seinem Schnabel vehement gegen ihre Küchenfensterscheibe hämmerte. Als wolle er mit seinem Klopfen seinem Hunger und seiner Einsamkeit Ausdruck verleihen. Doch Sophie kam es in diesem Moment so vor, als sei es die verwandelte Mutter, die sich um ihre Tochter sorgte.

„Verrückt bist du aber nicht geworden!“, lachte Sophie und legte behutsam den Telefonhörer auf. Warum nur hatte Marlene den Lebensweg ihrer Tochter nie akzeptiert, fragte sie sich resigniert. Nicht angenommen sein - das war auch das Grundgefühl der letzten fünf Lebensjahre gewesen. Fünf sehr lange Jahre ohne eine feste Arbeit. An der Zahl vielleicht dreihundert schriftliche Bewerbungen, die in alle Winde zerstreut, zumeist durch ein Eselsohr verunstaltet und zerknittert in ihren in die Jahre gekommenen, tiefschwarzen Briefkasten zurückkehrten. Oder verschollen blieben. Die achtundvierzigjährige, schlanke Frau blickte vom Schreibtisch aus durch das Fenster auf ein backsteingelbes Haus, in dem Marlene - einst Chefin eines Busunternehmens - ihr Büro eingerichtet hatte. Sophie fielen die vielen, vergeblichen Vorstellungsgespräche ein, die sich nun zornig stimmten. Sie dachte an die Worte einer spindeldürren, nervös gestikulierenden Heimleiterin. Um den Hals gebunden hatte sie sich teuren, überladen wirkenden Kunstschmuck gebunden: „Ach, Sie sind tatsächlich Ergotherapeutin! Wie ich aus ihrer Bewerbung entnehmen kann, waren Sie zuvor als Journalistin tätig. Was für ein bewegtes Leben müssen Sie hinter sich haben! Trauen Sie sich wirklich zu, mit demenzerkrankten Senioren zu arbeiten?“ Sophie dachte an die staatsmännisch versammelte Tischrunde von leitenden Pflegekräften eines anderen Heimes. Während die sich versteckende Frühlingssonne plötzlich hinter den Wolken hervorbrach und sich - grell und stechend - auf der rechten Wangenhälfte der Bewerberin niederliess, um dort schwere Muskelzuckungen zu verursachen, versuchte die verzweifelt auf die Frage, was Qualitätsmanagement sei, zu antworten. Sie erinnerte sich an die argwöhnischen, abschätzigen Blicke einer hochbetagten Heimbewohnerin, die die Frau mit den langen, braunschwarzen Haaren und der kantigen Nase, auf Grund dessen sie häufig für eine zugereiste Griechin gehalten wurde, mit einem höhnisch klingenden Shalom begrüssten. Und an den windigen Heimleiter, der sie auf Probe vier Wochen lang umsonst arbeiten liess. Mit der hohlen Begründung, er habe sich eben anders entschieden. Als Dank überreichte er Sophie einen kleinen Blumenstrauss. Den hatte sie schier sprachlos auf das Grab ihrer Eltern gelegt.

Sie stand vom Schreibtisch auf, der einmal Michael, ihrem Vater gehört hatte, verliess ihr altes Jugendzimmer, in welchem nichts weiter stand als dieser alte Schreibtisch mit dem Telefon, und stieg die kalten Stufen der rosaweissfarbenen Marmortreppe hinab. Als Kind hatte sie häufig eine unbestimmte Angst empfunden, wenn die hochhackigen Absätze der Mutter auf dem Stein klirrten und sich ihrem Zimmer näherten. „Ein Stück weit Glück hast du auch gehabt, denn es hätte noch schlimmer kommen können“, sagte sie leise zu sich. Sie betrat die geräumige Küche von Marlene und roch an der frisch zubereiteten Zwiebelsuppe, die in einem riesigen Topf auf dem Herd stand. Genussvoll atmete sie das würzige Aroma von in Butter und Mehl gedünsteten Zwiebelschalen und Suppenkräutern ein. Sie fühlte sich wie in einem Schockzustand, als an jenem kühlen Oktoberabend vor zehn Jahren - es war der Abend vor Marlenes Beerdigung - der Geschäftsführer der Busfirma die Frau im Büroraum einschloss, die Jalousien herabliess und Sophie Webermann bedrohte. „Wenn du nicht machst, was ich dir sage, erschlage ich dich“, schrie dieser kahlköpfige, dickbäuchige Mensch. Sophie beobachtete seine starren Fischaugen, während er mit einem Diktiergerät in der Hand über ihrem Kopf herumfuchtelte. Eingeschüchtert blieb sie am Tisch sitzen und starrte auf die vielen, unbezahlten Rechnungen der Mutter. Was die Frau damals bewogen hatte, still zu halten, war die Furcht davor gewesen, dieser aggressive Mensch könne ihr noch grössere Gewalt antun. Sein Faible für Waffen war bekannt. Um den tobenden, jähzornigen Mann zu beruhigen, willigte sie schwindelnd und verängstigt in eine weitere Mitarbeit mit ihm ein.

Webermann - das war einmal ein wohlklingender Firmenname in dem kleinen, ruhigem Städtchen an der Weser gewesen. Doch mit einem Schuldenberg von einer Million hatte der Geschäftsführer das einst gesunde, mittelständische Familienunternehmen ruiniert und zudem eine riesige Summe an Schwarzgeld mit dem Wissen der Mutter in Luxemburg deponiert. „Der Mann wollte mit dem Geld verschwinden", wurde Sophie innerlich vor Angst zitternd jetzt klar, „der hatte Marlene in der Hand. Was war mit ihr geschehen?" Mit Sicherheit hätte die Mutter nie und nimmer in das teuflische Vorhaben dieses Menschen eingewilligt. Es kam ihr nun paradoxerweise so vor, als würde sie jetzt der längst verstorbene Vater strafen, dessen Lieblingstochter sie gewesen war. Und dies nur aus dem Grund, da sie die Firma nicht rechtzeitig übernommen und sich um Marlene gekümmert hatte. Wie stolz war der einst auf den erarbeiteten Besitz gewesen! Ein Habenichts, der es nach dem Krieg - als einfacher Fahrschullehrer beginnend - geschafft hatte, sich eine schmucke Villa, eine Bushalle mit Büro und einen Fuhrpark hinzusetzen. In bester Wohnlage und mit Geschmack im Bauhausstil. Denn jeder wollte in der Nachkriegszeit zu einem Auto kommen. Michael war reich und zu einem Unternehmer geworden, indem in seine drei Filialen an der Weser jeder drängte, der es sich leisten konnte, einen Führerschein zu machen. Seine Taschen konnte er sich vollstopfen mit harter Währung. Besonders beliebt bei den Frauen, brachte der ruhige, hochintelligente Mann mit Hauptschulabschluss seinen Schülern mit viel Witz die Regeln im Autoverkehr bei.

Sophie blickte durch das Küchenfenster auf den nicht weit entfernt liegenden Fuhrpark. Allein Fichten und Tannen, in den vergangenen Jahren in die Höhe geschossen, trennten ihre Villa von dem Hof, der verkauft worden war und auf dem sich nun allerhand Schrottkarren tummelten. Eine Prüfstelle und Autowerkstatt waren dort eingerichtet worden. „Aus einem Segen kann ein Fluch werden", bemerkte die Frau nachdenklich, „die mobile, kunterbunte Welt hat ihren Preis. Die Abgase dieser benzinbetriebenen Blechrevolution werden uns in naher Zukunft umbringen!“ Zu gerne hätte sie jetzt gewusst, was ihr dieser unfähige, aufgeblähte Schreihals an jenem Abend im Spätherbst noch verraten wollte. Tatsache war, dass er von ihr verlangt hatte, noch einen weiteren - angesichts der schlimmen Lage - irrwitzigen Kredit aufzunehmen. Danach liess er von der völlig verschreckten Frau ab. In Panik war die daraufhin in einem Taxi auf der nächtlichen Landstrasse zur Schwester gebraust. Mit der Dokumentenmappe >Schwarzgeld< im Gepäck. Thea hatte ihre drei Kinder in heller Aufregung vorsorglich zu den Nachbarn geschickt, nachdem sie noch einmal die Telefonnummer der Mutter gewählt und sich überraschenderweise der Geschäftsführer gemeldet hatte. „Der Typ müsse mit einem eigenen Schlüssel, über den er bis dahin verfügte, in das Wohnhaus von Marlene eingedrungen sein, währenddessen sie bereits im Taxi unterwegs gewesen sei. Sie habe eine Vorahnung ereilt, nachdem sie diesem Irren eine Rezension über ein Konzert der Sängerin Tina Turner vorlesen haben müssen“, berichtete Sophie verstört. Thea glaubte ihrer Schwester und lieh ihr ihren schönsten, schwarzen Wollpullover für den kommenden Tag der Beerdigung. Über die entleerte Packung Valiumtabletten und die ausgetrunkene Flasche Schnaps, die Sophie im Mülleimer der Mutter gefunden hatte, wollte sie nichts wissen. „Da lagen sogar Scherben ihrer Lieblingsvase, Thea! Die beiden hatten vielleicht Streit. Ist dir nicht aufgefallen, wie aufgeräumt und geleckt das Schlafzimmer ausgesehen hat? Wieso hat er keinen Arzt gerufen, wenn er noch morgens fröhlich mit der Mutter gefrühstückt haben soll? Wieso hat er dich erst gegen Abend angerufen, wenn er Marlene schon mittags gefunden haben soll? Was hat der Kerl die ganze Zeit über gemacht? Das war doch geplant!“ Doch Thea machte sich mehr Gedanken darüber, wie der Besitz zu verkaufen und die Schulden zu begleichen wären. Marlene war gesundheitlich nicht mehr in der Lage dazu gewesen, ein ordentliches

Testament aufzusetzen, vermutete Sophie zum gegenwärtigen Zeitpunkt. Herausgeschnittene Stoffetzen aus der Bettmatraze verwahrte sie weiterhin wie denkwürdige, üble Liebesutensilien in ihrem Berliner Jugendstilschrank auf. Vielleicht sind in dem getrockneten Urin der Toten immer noch Spuren von Valium und Insulin zu entdecken, hoffte sie. Denn der Unhold war Diabetiker, dies der pefekte Giftmix gewesen. Oder aber die Wahrheit fiel banal aus, steckte in den zwei grossen Müllsäcken, die sie im Keller vorfand - randvoll gefüllt mit leerem, ehemals alkoholischen Flaschengut. Dabei war die Mutter einst eine aktive, attraktive und begehrenswerte Frau gewesen, stellte ihre Tochter traurig fest.

Eine aufgregt und schrill klingende Kinderstimme schreckte Sophie auf. „Schau' doch", rief ihr der zehnjährige Moritz - ein Junge aus der Nachbarschaft durch das Küchenfenster zu. Mit seinen Augen blickte der Junge in den Wipfel einer ausgewachsenen, turmhohen Birke, die neben dem Haus stand. Dort hing schier unerreichbar ein winziges, weisses Segelflugzeug, das von Moritz ferngesteuert sich in den Zweigen verfangen hatte. „Es wird abstürzen und kaputt sein", bemerkte Moritz sorgenvoll. Sophie öffnete das Fenster einen Spalt weit, damit die kühle Luft dieses Spätherbsttages nicht in ihr Haus drang. „Mach' dir darüber keine Sorgen, Moritz!", versuchte sie den Jungen zu trösten, „der nächste Sturm kommt bestimmt. Dein Flugzeug wird hinuntersegeln. Dann bringe ich es dir. Versprochen!" Warum kann ich zu diesem Kind fast fliessend und angstfrei sprechen, fragte sie sich erschreckt. Plötzlich hatte sie den mittelgrossen, leicht molligen Vater vor Augen. Wie der einst mit Hut und schelmisch lachendem Gesicht vor diesem Fenster aufgetaucht war und seine sechszehnjährige, in der Küche tanzende Tochter beobachtete, wie die Arabesken und andere ballettähnliche Körperverdrehungen übte. Sophie schloss das Fenster und stellte den Schalter der Herdplatte an, um die Suppe aufzuwärmen. Die Polizei hat dir damals nicht geholfen, dachte sie wütend. Schützen sie sich selbst, meinte die mit der lapidaren Äusserung zur eingeschüchterten Frau.

Am nächsten Morgen war das Spielzeug des Kindes spurlos verschwunden. Auf dem Küchentisch von Sophie türmte sich Papierkram: Bescheide vom Jobcenter, Werbeangebote, Geburtstagsgrüsse der Schwester, Bankkontoauszüge. Sophie begann, über ihr eigenes Wirrwarr verärgert, die Zettel zu ordnen, doch das Rascheln der Papiere brachte ihre Katze dazu, unverhofft auf den Stapel zu springen und damit ein neues Durcheinander zu verursachen. „Was für eine elende Postkartenfamilie!“, bemerkte Sophie zu dem Tier, „Grüsse werden in dieser Familie anscheinend nur schriftlich ausgetauscht!“ Die sich ankündigende, finanzielle Schieflage in der Familie gab auch eine Postkarte der Mutter wieder, die sie der Tochter von ihrer letzten Reise geschickt hatte. Auf dem Urlaubsgruss abgebildet war in kitschroter Abendsonne der schiefe Turm von Pisa. Den Satz „Ich freue mich auf ein Wiedersehen“ hatte Marlene mit zittriger, beinahe unlesbarer Handschrift auf der Karte hinterlassen. Dazu war es aber nicht mehr gekommen.

Ihr Absturz war auch der meine, überlegte Sophie das papierne Chaos betrachtend, denn Cecil - die Katze - hatte inzwischen den grössten Teil der Post mit den Krallen vom Tisch gefegt. Mit ihrem alten, fast vierzehnjährigem Kater Fritz in der Reisetasche war sie damals anlässlich des Trauerfalles mit dem Zug aus Berlin in der hiesigen Kreisstadt angetroffen. Vor dem Eingang des Bahnhofes wartete Thea in ihrem weinroten PKW, um die acht Jahre jüngere, ihr immer verhasst gewesene Schwester abzuholen. „Ich nehme alles aus vollem Herzen“, postulierte Thea am Steuer, während sie mit voller Wucht auf das Gaspedal trat, „schliesslich haben wir den ganzen Horror nur ihr zu verdanken.“ „Da hast du nicht ganz Unrecht“, entgegnete Sophie, während sie nervös auf die unter Nebel liegenden, norddeutschen Ackerwiesen sah und an die zwei

Kinder dachte, die sich mit Schälmesser und Besteckgabel bewaffnet bekriegten, worauf sich Marlene gerade noch rechtzeitig in das gefährliche Spiel zwischen den beiden Kindern einmischte. Denn es war beiden Schwestern bitter ernst damit gewesen. „Sei nicht undankbar", fuhr sie mit einem leichten sarkastischen Unterton in der Stimme fort, „immerhin würdest du jetzt zum zweiten Mal erben." In den späten siebziger Jahren hatte Sophies Schwager Thea geheiratet und die landwirtschaftliche Kornbrennerei von Marlenes Eltern übernommen. Im Nachthemd und um Mitternacht hatte die Mutter vor dem Bett der bereits schlafenden Sophie gestanden, um sie um eine Unterschrift zu bitten, die als Einverständniserklärung die erste Erbschaft von Thea besiegeln sollte. Marlene hatte sich nach dem Tod ihres Vaters die Schnapsfirma unter dem Nagel gerissen, sich hierüber mit ihren vier, jüngeren Geschwistern verstritten, woraufhin Michael seinen ersten, schweren Herzinfarkt erleiden sollte. Das As, das er als Fahrschullehrer und Geschäftsmann gewesen war, erwies sich in der zusätzlichen Rolle des Landwirtes als völlig überfordert. Theas Ehemann erschien als potentieller Nachfolger genau zum richtigen Zeitpunkt auf der Bildfläche des ersten Erbschaftsdramas, denn er besass keine einträgliche Berufsausbildung. Bevor er in einer Wohngemeinschaft in Giessen auf eine Studentin der Ernährungswissenschaften, namens Thea, traf, hatte er sich wochenlang in einer leerstehenden Frankfurter Villa eingenistet und mit dem Verzehr von billigen Suppentüten über Wasser gehalten.

Sophie kroch unter den Küchentisch und begann auf dem Boden die heruntergefallenen Papiere aufzusammeln. An diesem Tisch hatten die beiden Schwestern in stiller Feindschaft gesessen, um die Geldbörse der toten Mutter zu öffnen und zu plündern. Wie sehr wir uns doch unterscheiden, dachte Sophie, sie redet und bewegt sich wie ein flinker Wiesel. Sie dagegen kam sich vor wie ein plumper, trauriger Bär. Nicht ohne Bewunderung schaute sie auf ihre ältere

Schwester, die wie Marlene alle Fäden in der Hand zu halten schien und gleichzeitig mit Michaels Charme jeden Gesprächspartner zu umgarnen wusste. Wie leicht ihr alles gefallen war: Das Studium, die Gründung einer eigenen Familie, der berufliche Erfolg. Oberlandwirtschaftsrätin - das klingt gut, dachte Sophie mutlos. Sorgfältig schüttete Thea das Geld aus dem Portemonnaie, um aus den Münzen und Scheinen zwei Häuflein zu bilden, die sie wiederum halbierte. Komisch, überlegte Sophie an ihre tote Mutter denkend und sich fragend, ob die es in ihrem Wollkleid, das Thea der Toten - nun im Sarg liegend - übergestreift hatte, jetzt wirklich warm habe, - diese zwei Geldhaufen sähen ja aus aus wie zwei Scheiterhäuflein. „Von den Artikeln für deine jüdische Zeitung und deinen bunten Hörfunkbeiträgen, die sich mit astrologischen Themen, der Hutmacherei oder dem Starkult beschäftigen, wirst du deine Zukunft nicht bestreiten können“, unterbrach Thea barsch die nachdenkende Schwester, „warum musste dir auch nach zwölf Jahren der Freund weglaufen?“ „Hätte ich Martin etwa anbinden sollen?“, erwiderte diese beinahe trotzig, „er hat mich eben nicht mehr geliebt.“ Gänzlich unverhofft hatte Sophie plötzlich das zarte Stimmchen, das Hauchen von Jane Birkin in den Ohren. Einen halben Nachmittag hatte sie als zehnjährige die Musikläden der Kreisstadt durchstöbert, um die Single „Je'taime“ zu finden. Für eine heisse Party von Thea im Keller des Elternhauses. Auf der wurden dann Protestplakate gegen den Vietnamkrieg gemalt. „Warum nur interessierst du dich dauernd für meine Freunde?“, hatte Thea ihre kleine, lästige und schüchterne Schwester angeherrscht. Warum nur stopft die sich bis heute voll mit Schokolade und Keksen, um sich anschliessend zu erbrechen?, fragte die sich ihre forsche, kleingewachsene Schwester mit dem frechen, blonden Kurzhaarschnitt beobachtend. „Es ist nichts mehr da“, sagte Thea entschlossen, „du siehst in der Mutter eine heilige Kuh, die sie nie war. Wir sollten sie schlachten. In ihrer Gegenwart habe ich mich meistens gefühlt wie ein unwichtiger, mickriger Pups.“

„Was war dein Vorgänger im Vergleich zu dir nur für ein bescheidenes und ruhiges Exemplar", schimpfte Sophie ihre Katze. Die schleckte inzwischen auf dem Küchentisch genussvoll an der Frühstücksbutter. „Ein verfressenes, egozentrisches Biest bist du!", fauchte sie ihren Liebling an und begann auf dem Boden kleine Kotzflecken aus erbrochenen Blumenblättern wegzuwischen, die das Tier unübersehbar in der vergangenen Nacht hinterlassen hatte. Der floristische, stinkende Brei erinnerte sie an ein anderes, weit zurückliegendes Maleur, so an ein Unglück, welches der Familie gegen Ende der sechziger Jahre widerfahren war. Die Frau vergegenwärtigte sich des Restes vom Erbrochenen, welchen sie als Kleinkind auf dem Teppich vor dem Bett von Marlenes Mutter bestaunte. Frieda, die Grossmutter, hatte ein Pflanzenschutzmittel geschluckt und war infolgedessen elendig krepiert. Wortlos soll sie nach einem Streit mit ihrem Ehemann, dem Schnapsfabrikanten, die Treppe zum gemeinsamen Schlafzimmer hochgestiegen sein, um dort eine Flasche E 605 auszutrinken. Eine feinsinnige, intelligente Dame soll Frieda und als erstes, weibliches Wesen in dem Dorf mit einem Automobil unterwegs gewesen sein. Mittellos, aber blaublütig war die hochgewachsene, kühle Friesin mit dem kleinen, klotzigem Bauern in den zwanziger Jahren vermählt worden. Allein ein elegantes Klavier soll sie mit in die Ehe gebracht haben. Die Enkelin jedoch hatte sie nur als unnahbare, ältliche Frau im Gedächtnis, die Thea - das pubertierende Pummelchen - mit Bonbons versorgte, mit ihr selbst dagegen meistens strafend sprach und bei kleinen Missgeschicken sofort in eine Flurecke stellte, wo Sophie minutenlang reglos verharren musste. „Dabei warst du doch ein so süsses, aufgewecktes Mädchen - ein richtiger Wirbelwind", antwortete Marlene ungläubig, als ihr Sophie viel später davon berichtete. Die Mutter hatte ihren Vater nie gemocht, der gerne schnapstrinkend und untätig in seinem Wohnzimmer verweilte und zu den Marschliedern auf dem Plattenspieler sang. So war es nicht verwunderlich, dass die dreijährige Enkelin beim Spielen im grossbäuerlichen

Flurschrank auf seltsame Stoffteile mit tollen Zacken stiess. Auf Naziwimpel, die der Alte partout nicht aus der Hand geben wollte. Zu seinen besten Zeiten - damit meinte er das Dritte Reich - war er nicht weniger gewesen als der Bürgermeister seiner Gemeinde und hierdurch verantwortlich für die Absegnung von Listen vom Tode bedrohter Menschen. Vielleicht war es kein Zufall, dachte Sophie, dass sich Marlene in den Nachkriegswirren in einen lebensbejahenden Autonarren vergucken sollte, da bereits Frieda die Bewegung und das damit verbundene Freiheitsgefühl liebte. Vielleicht hatte sie sich auch mit dem schwerem Beruhigungsmittel selbst umgebracht, weil sie befürchten musste den nächsten, anstehenden Lohn für ihre Fahrer nicht mehr auszahlen zu können. Dann würde es sich um einen Freitod von Marlene handeln - geschehen in der Familientradition.

Warum nur - fragte sie sich gequält - war dieser cholerische Unhold am Morgen des Todestages der Mutter nicht ihrer Bitte nachgekommen, für die Kranke in einer Apotheke die gewünschten Antibiotika zu besorgen und war nach eigener Aussage in merkwürdigen, geschäftlichen Dingen unterwegs gewesen? Hierbei handelte es sich um eine fadenscheinige Ausrede, um seine fragwürdige Unschuld am Tod dieser Frau zu untermauern, konstatierte Sophie. Die Frau öffnete die Tür zu ihrem Wohnzimmer, wobei die Katze ihr neugierig folgte. Freundlich schimmerte der alte Holzparkettboden im faden Morgenlicht dieses eisigen, frostkalten Novembertages. Mit kleinen Holzscheiden entzündete sie den grauen Kaminofen aus Beckstein. Mit seiner sich entfachenden Glut entfaltete sich in kurzer Zeit im grossräumigen Zimmer - eigentlich handelte es sich um einen kleinen Saal, der von zwei Meter hohen Fensterscheiben eingerahmt wurde - eine angenehme Hitze. Warum nur hatte die Mutter diesen unausstehlichen, grundlos aus der Haut fahrenden Kerl als Neffen, als Verwandten in die Firma eingeführt? Marlene starb am ersten Tag der Herbstferien. Kein Schulbus fuhr. Dies war

- Sophie beunruhigte der andauernde Zustand der Ungewissheit - zweifelsfrei ein idealer Zeitpunkt für einen Mord. So harmlos, wie dieser Mann gegenüber Unbeteiligten tat, war er nicht gewesen. Es kam ihr jetzt so vor, als sei der ehemalige stolze Glanz, den dieser Raum, ja die ganze Villa einst ausstrahlte, für immer vergangen. Wer nur hatte die wertvollen Seidentücher der Mutter entwendet? Das einhundertjährige, edelsteinbesetzte Kaffeegeschirr hatte Thea, ohne einen Moment zu zögern, eingepackt. Dazu das wertvolle, handgeschnitzte tunesische Schachbrett des Vaters. „Wir haben die Firma doch super verkauft!", jubelte die, während sie zusammen mit ihrem Ehemann eine kostbare Holztruhe verfrachtete, welche Sophie gratis spendiert hatte, weil sie die offensichtliche Gier der Schwester nicht mehr ertragen konnte. „In deinen Augen funkeln die Dollarnoten, meine Liebe", meinte sie schliesslich nur entnervt, „es ist lieb von dir - Thea, dass ich wenigstens die Nähmaschine und die zentnerschwere Enzyklopädie behalten darf." Sie fühlte sich einfach furchtbar, als Michaels schneeweisser, eleganter Traumschlitten - ein Mercedes SL aus den siebziger Jahren - dem Käufer der Firma übergeben worden war. Vor Augen hatte sie plötzlich das prächtige Blumenmeer an farbenfrohen Blüten, welches das Grab des Vaters bedeckte. Die Mutter hingegen war auf einem ollen Holzkarren zu ihrem offenen Grab gekarrt worden. Da es kurz zuvor stark geregnet hatte, war die Wegstrecke von der Kapelle zur Grabstelle aufgeweicht und die matschige Erde klebte an jedem Schuh der Trauernden. Der Geschäftsführer war spurlos verschwunden. In einem atemberaubenden schnellen Tempo, beinahe überstürzt war Marlene begraben worden.

„Na, Prinzessin - bist du glücklich?", scherzte Sophie mit ihrer Katze. Das Tier hockte in respektvollem Abstand vor dem heissen Ofen und genoss mit Freuden seine wonnige Wärme. Im Vergleich zum kräftigen Körper waren die Beine von Cecil kurz geraten. Sie war in einen schönen, vielfarbigen - so umbrabraunrotweissen Pelz gehüllt und mit einem anhänglichen, zugleich verhuscht unruhigem Naturell ausgestattet. Die Frau nannte die Katze, die ihr aus der Nachbarschaft zugelaufen war, liebevoll „meine bunte Wunderkugel“. Ihr Vorgänger, der pechschwarze Fritz, war dagegen ein Wunschkater gewesen. Geboren in der heruntergekommenen Silbersteinstrasse in Berlin-Neukölln. Seiner Halterin liebevoll zugewandt, durch den Grössenunterschied zwischen Mensch und Tier bedingt unterlegen, hatte er sein ganzes Leben in Sophies und Martins Wohnung verbracht. Nie aus der Ruhe zu bringen trug er stolz einen einzigen weissen Brustfleck zur Schau. Wacker bis zur letzten Lebensminute gestimmt schien er selbst vom Sterben überrascht zu sein, war alt und müde nach einer kurzer Schnappatmung in ihren Armen eingeschlafen. „Die Katzen sind meine Kinder, die ich nicht zur Welt gebracht habe“, sagte sich Sophie. Nun an sich selbst zweifelnd blickte sie durch das grosse Glasfenster auf die Wesermarsch. Auf eine tiefgrüne und fruchtbare Wiese, an der der ruhig dahingleitende Fluss seine Bahn zog. Auf der häufig von Hochwasser überschwemmten Marsch hatte sie als achtjähriges, abenteuerlustiges Mädchen nach Treibgut gesucht, morsche Hölzer, vom Wasser blank geschliffene Steine und angeschwemmte Plastikteile als kostbares Schatzgut nach Hause getragen. Auf dem wenige Tage später gefrorenem Eis mit den Schlittschuhen zunächst unbeholfene, dann elegante Pirouetten gedreht. Unter den verschneiten Tannen aus zusammengetragenen Holzlatten vor der Kälte schützende Verschläge gebaut. Nester, die dem Kind Geborgenheit vermittelten. In denen sie Ritterbanden und Freunde erfand, die sie sich wünschte, die es aber nicht gab. Welche leichtsinnige Eingebung habe sie nur dazu veranlasst, in eine grosse Stadt, so nach Berlin zu ziehen, fragte sie sich angesichts der sich angenehm anfühlenden Stille, die sie in dieser kühlen Landschaft umgab.

Auf jeden Fall handelte es sich um ein Wagnis, noch lange vor der Maueröffnung mit einigen IKEA-Möbelstücken in das gemeinsame Wohnloch am Berliner Südstern zu ziehen. Martin wartete sehnsüchtig auf seine erste Freundin am Bahnhof Zoo, die mit einem eingegipsten Fuss und Armstützen angereist war. Nach einem Streit mit Martin war sie während eines Griechenlandurlaubes eine Treppe hinuntergefallen und hatte sich die Grosszehe gebrochen. Ein übles Omen, welches Sophie zu verdrängen suchte. Vor der Haustür der Mietwohnung begrüssten das ankommende Paar von unbekanntem Mund abgeknabberte Hähnchenknochen. „Da hat jemand anscheinend Heisshunger gehabt, aber warum hast du den Stuk nur mit dunkelbrauner Farbe bepinselt?“, klagte Sophie entsetzt, „die Zimmerdecke gleicht nun einem Sargdeckel.“ Sie glaubte fest daran, dass mit Martin der blondgelockte, langersehnte männliche Engel in ihr Leben getreten war. Während eines Colloquiums über mittelhochdeutsche Liebeslyrik hatten sich die beiden Erstsemesterstudenten im westfälischen, aufgeräumtem Münster kennen- und liebengelernt. Ihr gefiel der agile, junge Mann, der in schlottriger und blauweissgestreifter Latzhose in der Uni auftauchte, aussah wie ein verirrter Matrose und in einem Männerwohnheim am Plutoweg wohnte. Geküsst aber hat er von Beginn an wie ein glitschiger, nasser Fisch, lachte Sophie in sich hinein, während sie neue Holzscheide in den vor heisser Glut brodelnden Kaminofen nachlegte. Im Nachhinein staunte sie über die Zähigkeit und den unendlichen Schwung ihres Freundes - Eigenschaften, mit denen Martin Winter auf Winter die vollen Kohleeimer in den vierten Stock des Mietshauses hievte. Und sie dachte an die fröhliche Sorglosigkeit, mit denen er die benutzten Kondome in den glühenden Kohleofen warf. Mit leidenschaftlichen Küssen auf einer Münsteraner Friedensdemo kurz vor dem Weihnachtsfest hatte ihre Liebe begonnen. Zwölf Jahre später sollte sie in einem Rosenkrieg enden.

„Geldmacher, Feierabend, Wagenblast - was für irrwitzige Namen unsere Mitmieter haben!“, rief Martin. An seinem Zimmerfenster befestigte er mit Klebeband ein weisses Blatt Papier, in das er ein winziges Loch geschnitten hatte. „A whole to see the sky through“, bemerkte er schmunzelnd zu dem engen, düsterem Berliner Hinterhof. Sophie liebte das ansteckende Lachen des gebürtigen Bremers, die Klarheit, die seine blauen Augen ausstrahlten und die grenzenlose Lebensenergie, die sein schlanker, fast magerer Körper ausstrahlte. Bevor sie sich kennenlernten, war er mit zwei Freunden in einem klapprigen Bus durch die Vereinigten Staaten getourt. Der eine - Micha - hatte die Absicht Biologe zu werden und übte in der gemeinsamen Bremer Wohngemeinschaft den Anbau von Marihuanapflanzen. Der andere - Markus - träumte von einer zukünftigen Arbeit als Flugzeugkonstrukteur und stapelte nach nächtlichen Taxifahrten auf seinem Schreibtisch das sauer verdiente Kleingeld in babylonische Höhen. Martin, der von den drei jungen Männern der einzige war, der über keinen Führerschein verfügte, wollte schreiben und Journalist werden. „Stattdessen hat er uns auf der Reise mit seinem Kochtalent beglückt. Seine Senfroularden schmecken sagenhaft!", lobten ihn seine zwei Freunde, mit denen er gemeinsam das Abi gemacht hatte. Michael, Markus und Martin waren von der wilden, unternehmungslustigen, jugendlichen Frau, deren Mutter eine Busfirma leitete, begeistert und sollten ihre Berufswünsche in der Zukunft wahr machen. Mit unermüdlicher Anstrengung verfolgte Sophies Geliebter seine Pläne. Die IKEA-Schränke wurden zersägt, mit grauer Farbe betüncht und in schrägen Formen und Linien neu zusammengesetzt. Neben vier schwarzledernen Freischwingern war nur Platz für Aktenordner, Bücher und Schreibmaschine, so dass sein Berliner Zimmer kurz darauf aussah wie das eines VW-Vorstandmitgliedes. Die blonden Locken und die Leichtigkeit, die sie ausstrahlten, verschwanden und wurden gegen eine ökonomische Kurzhaarfrisur ausgetauscht. Mit dem Vorteil, das die früh einsetzende Glatze auf dem Hinterkopf des Freundes vertuscht werden konnte. Allein ein von Indianerhand bemalter, nordamerikanischer Büffelknochen im Regal erinnerte noch an ausgelassenere Jahre. Gefühlsmässig verbunden haben uns vor allem die gemeinsamen Bob Dylan- Konzerte, dachte sie. Er war froh gewesen, als sie, die sein Faible für medienpolitische Themen nicht teilte und sich für jüdische Geschichte, deutsche Literaten und Filmmontage interessierte, vorübergehend in eine abbruchreife, in seiner Nähe liegenden Parterrewohnung zog, überlegte Sophie, der immer trauriger zumute wurde. Tief atmete sie den Geruch der vier edelhölzernen Kaminstühle ein, die sie von den Eltern erworben und restaurieren hatte lassen. Darauf versammelt lagen bunte, weiche Kissen. Die Schlacht ist geschlagen, resümierte sie erleichtert.

Sie kehrte in ihre Küche zurück, um die Zutaten für den geplanten Fenchelauflauf aus dem Kühlschrank zu nehmen. Die fröhlichen Farben der hellblau und eidottergelb gestrichenen Wände hellten ihre Stimmung auf. Wenigstens sei ihre Abschlussarbeit erste Sahne gewesen, machte sie selbst Mut. Diese Geschichte habe sie sich auch selber eingebrockt, warf sie sich im nächsten Augenblick vor, denn wie konnte sie sich nur in einen Mann verlieben, dessen depressive Mutter sich vom Hochhaus gestürzt habe, als er sechs Jahre alt gewesen sei. Vielleicht sei es ihre Aufgabe gewesen, ihm diese zu ersetzen, bis zum dem Zeitpunkt, wo er sich nach einer anderen Form von Liebe zu sehnen begonnen hatte. Nach einer >erwachsenen Liebe<. Ein Pech für Sophie, die diese Fehlentwicklung nicht rechtzeitig wahrgenommen hatte. „Wie aus dem Ei gepellt sehen wir nun nicht mehr aus“, meinte er lapidar zum Abschied. In der Nacht zuvor waren die Leitungen des Kühlschrankes, den sie sich jahrelang geteilt hatten, explodiert. Und doch hatte es schöne Momente gegeben, dachte die enttäuschte Frau, die mit Elan begonnen hatte, das knackige Gemüse unter dem Wasserstrahl zu säubern und eine Creme aus Eier, Milch, geraspeltem Käse und Muskatnuss zu rühren. Ihr fielen die rätselhaft strukturierten Eisblumenkristalle an den maroden Zimmerfenstern in den bitterkalten Berliner Wintermonaten ein, die sie faszinierten und minutenlang vergeblich zu entziffern suchte. Sie erinnerte sich an das dicke Postpaket mit liebevoll zusammengestellten Nachrichten von Freunden, das er ihr, die auf einer Studienreise in Israel verweilte, nachgeschickt hatte, als trage er nun Sorge, sie aus den Augen zu verlieren. An das zwanglose, morgendliche Bad in einem glasklaren Bach im Toskanaurlaub. An die feuchtklammen Wolldecken im gemieteten Apartement auf der Insel Malta, darin der süssliche und schwere Geruch des Mittelmeerwassers. An die versteckte Bucht auf Lanzarote unter streunenden Katzen und bizarr geformten Muscheln. An den von ihren Fahrrädern aufgewirbelten Strassenstaub in der grauen, noch verschlafenen Stadt Potsdam kurz nach der Maueröffnung. Hätte sie ihn, mit dem sie so viele Wege gegangen war, nur früher losgelassen. Den Missbrauch von Vertrauen warf sie Martin vor. Und war sich doch in dem einzigen Punkt sicher, dass der Fluss, an dem auch Martins Elternhaus in Bremen stand, sie nicht grundlos für eine bestimmte Zeit miteinander verbunden hatte. Behutsam legte die Frau nachdenklich die Knollen in das siedende Wasser, streute etwas Jodsalz darüber und betrat erneut das Wohnzimmer, um mit Druck den Hebel an der Terrassentür hochzuziehen und diese mit einem kräftigen Ruck aufzuschieben. Die frische Herbstluft prallte auf die Haut ihrer Wangen. Ein sich bitter anfühlender Schmerz durchzog ihr rechtes Gesichtsfleisch. Immer noch lag unter den Obstbäumen auf der grosszügig angelegten Rasenfläche eine Unmenge an buntschillerndem Laub, welches es vor dem beginnenden Wintereinbruch zusammenzufegen galt.

II.

Westberlin bedeutete für Sophie ein Eintauchen in die nicht mehr existierende Maueridylle, in die verwilderten Plätze im Niemandsland. Sie studierte am Sonntag die entspannten Bocciaspieler in den verkehrsberuhigten Kreuzberger Strassen. Sie liebte die Spaziergänge am verschlafenen Landwehrkanal, vorbei an einer restaurierten Synagoge und einem verankerten Flussdampfer, auf dem sich im Sommer illustre, leicht exotisch anmutende Kreuzberger Paradiesvögel amüsierten. „Du bist ein naives Landei", machte sich Martin über Sophie lustig. Die staunte nicht schlecht über den ehemals maroden Charme des Reichstagsgebäudes im Dornröschenschlaf und wunderte sich noch mehr über einen verödeten Abenteuerspielplatz, auf dem Sandkistenrennen veranstaltet wurden und das Gestapohauptquartier gestanden hatte. Die junge Frau war von dieser Stadt und ihrer Geschichte beeindruckt, glaubte immer wieder in die deutsche Vergangenheit, die gleichzeitig auch die Vergangenheit der eigenen Eltern war, einzutauchen. Tiefe Dellen in der Flurdiele erwiesen sich als Spurenreste von Brandbomben, marode Schrifttafeln im Kohlekeller zeigten den Weg zum beengend niedrigen Bunkerraum, unter dessen zerschlissen, nasser Decke einst Menschen in Todesangst gesessen hatten. „Verloren und um meine Jugend betrogen hat sich dieser Krieg angefühlt", erzählte die Mutter auf Besuch in der damals noch geteilten Stadt. Mit dem schneeweissen Rennschlitten von Michael, dem Relikt der Wohlstandjahre, war sie angerauscht, um nach ihrer Tochter zu sehen. In ein dazu passendes, weisses Nerzjäckchen gehüllt und die aschblond getönten Haare hochtoupiert - hatte sie als Geschenk eine grosse Tüte mit Äpfeln aus dem Garten mitgebracht. „Der Typ, der dich vor dem Reichtagsgebäude angesprochen hat, war ein Zuhälter. Der war scharf auf dein Auto, nicht auf dich", äusserte sich Sophie dazu in verletzender Weise. „Das ist auch ein Unternehmen", konterte

Marlene, die damit begonnen hatte, Martin die unterschiedlichen Apfelsorten zu erklären. „Der Glockenapfel schmeckt am besten“, meinte der kauend. „Gelitten oder gehungert hast du im Krieg nicht“, bohrte die Tochter bissig, „denn deine Mutter hat dich zu ihrer Schwester nach Friesland geschickt. Ich kenne dein Tagebuch, wo von einem hauswirtschaftlichen Praktikum die Rede ist. Du hast dir auf dem Land eine dicke Pelle angefressen!“ Wie konnte ich nur so schrecklich zur Mutter sein, fragte sich Sophie jetzt, die in der Küche das gedünstete Gemüse in die Auflaufform füllte, die Käsecreme darübergoss und mit Petersilie und gerösteten Brotkrümeln bestreute. Sie hatte Tante Olga aus Friesland noch kennengelernt, diese zähe Frau mit dem ominös schweren Haarkranz, der noch im hohen Alter bis zur ihren Hüften reichte, und ihrem breiten, immer lachenden Mund. Die beste Freundin der Mutter, die sich in einem Punkt einig waren. Eingefädelt hatten den Zweiten Weltkrieg nicht der Führer und sein Gefolge, sondern Grosskapitalisten - und zwar jüdische.

„Schrecklich!“, rief Sophie laut aus, die damit die um ihre Beine streichende, hungrige Katze erschreckte. Während der Auflauf im heissen Ofen schmorte, sah sie auf ihre defekte Spülmaschine. Das Filetstück der Mutter war nun sperrmüllreif. In der Woche zuvor war das Küchengerät spätabends übergelaufen, währenddessen sie nichtsahnend eine Fernsehsendung über die Folgen des Klimawandels ansah - so über Fluten und Überschwemmungen. Wie in irrsinniger Wut entfesselt kurbelte und pumpte die Maschine das Wasser in die Küche. Der Haupthahn im Keller liess sich nicht schliessen, weil stark verrostet. In heller Aufregung hatte Sophie den Notruf der Feuerwehr gewählt und den Mann angelallt, da sie vor Aufregung kaum sprechen konnte. In voller Feuerwehrmontur und im riesigen Auto kam der in der Nacht herbeigeeilt, um mit einer XXL -Kneifzange im nassen Chaos freundlich grinsend herumzutapsen. „Kostet nichts“, meinte er zu der völlig aufgelösten, barfüssigen

Frau, „wenn sie auch scheinbar ohne Mann sind, Handtücher besitzen sie ja reichlich.“ Vielleicht war die Mutter am Ende ihres Lebens so kaputt wie ihre Spülmaschine, dachte Sophie. Verhärmt und vereinsamt wirkend war die Geschäftsfrau noch einmal in Berlin mit einer Reisegruppe erschienen und hatte die Tochter flehentlich um eine Mitarbeit in der Firma gebeten, obgleich die mitten in den Abschlussprüfungen steckte. Der Körper der Frau, die immer in eleganter und gepflegter Kleidung öffentlich aufgetreten war, wirkte nun aufgedunsen, ja krank. Sie hat sich nie geschont und das Risiko auch geliebt, stellte Sophie fest. Ein skandalöses, sündhaftes Verhalten wurde Marlene unterstellt, als sie sich in der neuen Bonner Republik in einen verheirateten Mann verliebte, worauf Frieda ihr den Unterhalt für ein Kunststudium strich. Verguckt hatte in einen armen Schlucker, der am liebsten an Automotoren bastelte. Ein als Schürzenjäger geltender Taugenichts. Und dieser lebte, schmunzelte seine Tochter, zusammen mit den Grosseltern, seiner ersten Frau und einem gemeinsamen Sohn im Nachbarörtchen in einer ärmlichen Bauernkate - genau hinter der dörflichen Feuerwehr.

Wie sehr hatte es Sophie als Kind genossen zusammen mit der Grossoma im Fahrschulraum des Vaters in gemütlichen Korbsesseln zu sitzen und auf die Strasse vor seinem Elternhaus zu schauen. Die Strasse nannte sich rätselhafterweise >Grüne Strasse<, obgleich dort nur eine einzige Eiche stand und selten etwas wirklich Interessantes passierte. Luise war um die siebzig Jahre alt, von umfassender Leibesfülle und trug Tag für Tag einen langen, schwarzen Rock und einen dunklen Pullover. Darüber eine schlichte, dünne, noch schwärzere Strickjacke. Dabei war sie weder in Trauer noch traurig. Ihr ausgemergeltes, strähniges und graues Haar war im Nacken zu einem kleinen, hübschen Knoten gebunden, in die sie sehr sorgfältig lange, dunkelgraue Nadeln gesteckt hatte. Grossoma Luise besass ein ebenmässiges, volles und gutmütiges Gesicht mit wenigen, feinlinigen Hautfalten. Eine gerade, wohlgeformte Nase und schmale, grüne Katzenaugen gaben ihrem eher ruhigen und ausgeglichenem Naturell eine überraschend frische und stechend wache Note. Zumeist kannte die Enkelin die alte Frau entspannt auf ihrem bunt gemusterten Kanapee ausruhend oder sie zog die hölzerne Wanduhr mit dem vergoldeten Pendel auf, die sie zur Hochzeit mit Hein geschenkt bekommen hatte und zur vollen Stunde tief und laut, voll und angenehm erklang. Luise galt als unordentlich, schlampig und etwas unsauber. Doch die Enkelin mochte diese einfache und weise Frau. Es störte sie wenig, das die immergleiche, grässlich süss schmeckende Limonade auf ihrem Fenstersims stand und dort sämtliche Fliegen der Umgebung anlockte. Sie liebte das von der Oma im Holzherd gebackene Spritzgebäck, welches die in Unmengen in riesigen Blechdosen unter ihrem rustikalen Bett aufhob, bis es ganz ausgetrocknet war. Sie beherrschte nicht die Kunst des Klavierspielens, aber dafür die der Zubereitung einer delikaten Zwetschgensuppe mit cremig leichten Semmelknödeln. Sie geriet auch nicht unter die Haube eines wohlhabenden Bauern, sondern an einen bescheiden lebenden Binnenschiffer. Der hockte auf einem Schemel - darüber wunderte sich Sophie als Kind - für sie unerklärbar still hinter dem köchelnden, knisterndem Herd, während seine Nase unentwegt tropfte. Kam sie dem hageren und sturem Mann zu nah, zog er in fast bösartiger, in jedem Fall schmerzhafter Marnier das junge Mädchen an seinen langen Zöpfen. „Heinrich war nie mit mir als zweiter Ehefrau und mit euch Mädels einverstanden“, verriet ihr Marlene im Nachhinein, „das waren doch einfache, ungebildete Leute!“ Doch Sophie liebte Luise, wenn die vertieft und zufrieden in ihrer mit einem vergoldeten Einband versehenen Bibel las, welche die bescheiden lebenden Eheleute zu ihrem fünfzigsten Hochzeitsjahr als kirchliche Aufmerksamkeit erhalten hatten. Dann sprach Luise immer sehr wenig. Und wenn, dann mit sehr leiser, die einzelnen Silben betonender Stimme. In den Ohren der etwa fünfjährigen Enkelin klang das sehr liebevoll. Am liebsten mochte die die Spaziergänge mit der Grossmutter - etwa das gemeinsame

Milchholen. Hand in Hand liefen die beiden dann durch eine enge Gasse zum Kaufladen. Vorbei an norddeutschen, betagten Fachwerkhäusern, deren Aussenwände - gezimmert aus Holz, Zement und Stroh - sich in den vergangenen zwei Jahrhunderten zu dem Abbild des buckelig-gekrümmten Rückens eines sehr, sehr alten Menschen verbogen und verwandelt hatten. Nur in Begleitung von Luise durfte die frohe Enkelin die volle Milchkanne nach Hause tragen.

Sophie füllte sich einen Teller mit dem überbackenen, duftendem Gemüse. Die Nähe dieser Grossmutter habe ihr gutgetan, flüsterte sie leise. Während sie das leckere Gericht bedächtig ass, stellte sie sich vor, auf der warmen Insel Malta auf der Terrasse eines Hafenrestaurants zu sitzen und den ankommenden Wellen des Meerwassers zu lauschen, die an das Ufer der Felsenküste schlugen. Diesen wunderbaren, vergleichsweise nur kurz währenden Augenblick hatte sie zusammen mit Martin genossen! Cecils eifersüchtiges Miauen rief sie aus ihrem Wohlgefühl zurück. Sie beschloss aus ihrem Garten die letzen Gegenstände in das Haus zu holen, die noch an den vergangenen Sommer erinnerten: Den Liegestuhl, den aufrollbaren Wasserschlauch und die Leiter, die sie im Spätherbst zum Äpfelpflücken benötigte. Mit einem Spachtel säuberte sie das innere Gehäuse ihres Rasenmähers und schob das Metallstück auf seinen Rädern, wobei es schepperte und klirrte, die Kellerstufen hinab zwecks verdienter Winterpause. Sie bemerkte, dass sich der Himmel verdunkelte und eiligst für die Nacht vorzubereiten begann. Die sich plötzlich einsam fühlende Frau freute sich wie ein verloren gegangenes, frierendes Kind auf einen erholsamen Schlaf - auf ihr in einer Wandschräge eingebautes Holzbett - im oberen Stockwerk in einem kleinen Raum gelegen, das die Mutter früher als Nähzimmer benutzt hatte. Das Schlafgemach erinnerte sie an das Innere eines Schiffsbauches. Während sich die Frau langsam entkleidete und die Textilien im rosafarbenen Badezimmer sorgsam über den

Wannenrand legte, fiel ihr ihre erste richtige Freundin ein - so die sechsjährige Brigitte. Dieses unbeschwert fröhliche, dunkellockige Mädchen, mit der sie zusammen zwei Nächte in den Kojen eines Binnenschiffers verbringen durfte, welcher im Schneckentempo des Frachters auf dem vertrauten Fluss aufwärts schipperte. Gitti, die Sophie so zärtlich getröstet hatte, nachdem diese mit ihrem Kinderfahrrad in einer Kurve die Balance verloren hatte und am Flussufer in einen Stacheldraht gerast war. In ihrer Armbeuge klaffte eine tiefe Fleischwunde. Allein stand sie am Unfallort. Erschrocken auf die offene Wunde und die hervorquellenden, dem Himmel sei dank - unverletzten Adern schauend war sie einen langen Kilometer weit zum Hausarzt gelaufen. In Todesangst, nun sterben zu müssen. Sie erinnerte sich an die vielen Autos, die an ihr vorbeirauschten und das schreiende Kind dennoch nicht wahrnahmen. „Was bist du selbständig!“, mit diesen Worten hatte sie Michael in seine kräftigen, zugleich warmen Arme geschlossen, nachdem ihre zerfetzte Haut zusammengenäht und der Arm in einen Gips gesteckt worden war, was nicht darüber hinwegtäuschen konnte, dass - wie zumeist den ganzen Tag lang - niemand zuhause und Sophie sich selbst überlassen gewesen war. Die Mutter griff damals zum Fotoapparat und hinterliess ein hübsches Bild: Zwei Freundinnen blicken eingehakt und schelmisch lächelnd unter Marlenes Trauerweide in die Linse, doch Sophies Augen blieben auf dem Bild traurige.

Angesichts der Kälte rollte sich die müde Frau in ihr Daunenbett, über das sie zusätzlich eine Wolldecke gelegt hatte. Die Katze kam ihr kurz darauf in die Koje nachgesprungen und machte es sich kurzerhand an ihren Füssen bequem. Sie dachte an die acht oder zehn epileptischen Anfälle, die sie fast ein Jahr nach dem Tod der Mutter im Schlaf heimsuchten. Sie waren gekommen und gegangen wie ein schlimmer Spuk. Vielleicht war die Ursache, so vermutete sie, in der Tatsache begründet, dass sie ihre Koffer in Berlin endgültig gepackt und die Wohnung dort aufgegeben hatte. Damit hatte sie gewaltsam den eigenen Lebensweg zerschnitten und die persönlichen Pläne, Wünsche aufgegeben. Furchtbar schwer war es Marlene gefallen, die jüngere Tochter endlich loszulassen. In Wahrheit war es der Tochter mit der Mutter nicht .anders ergangen. Als seien sich beide ein ganz besonderer Liebespfand und Selbstschutz, den es festzuhalten galt. „Warum musst du nur so weit fortgehen, um zu studieren?“, fragte sie vorwurfsvoll und beharrlich die zwanzigjährige Sophie, die sich mit eingegipster Grosszehe auf ihr Abenteuer Westberlin freute. Als habe sie der mächtige Arm der Gestorbenen nach Hause zurückgeholt, dachte Sophie an die schweren Gesichtskrämpfe, die ihr zunächst den Atem, dann die Besinnung nahmen. Manchmal hörte sie sich vor dem Koma selbst noch schreien, ein anderes Mal verdrehten sich ihre Augäpfel, bevor das Bewusstsein verschwand wie der Knopfdruck auf eine eingeschaltete Zimmerlampe. Es handelte sich um ein tiefes, dunkles Schwarz, in das sie fiel. Wenigstens war sie weich gefallen Und zwar auf ihr vertrautes Kopfkissen. So hatte sich ihr Hirn seine verdiente Ruhepause selbst verschafft. Vielleicht wurde auf Marlene doch Gewalt ausgeübt, fragte sie sich erneut. Wie ängstlich hatte die Mutter am Lebensende am Telefon geklungen. Selten war es zu einer vertrauten und entspannten Nähe zwischen beiden gekommen. Trotzdem kam es der Tochter so vor, als existiere da immer noch ein unzerschneidbares, undurchsichtiges Band. Erstaunt entdeckte sie eine winzige, emailierte Schale, die an ihrem Fussende auf einem Regal lag. Das Schmuckstück hatte Marlene an einem der wenigen glücklichen und ausgelassenen Sonntage im Familienleben der Webermanns gestaltet - zusammen mit Sophie, die die Farben aussuchte, währenddessen die Mutter mit einem Pinsel das feine Pulver durch ein Sieb auf das kupferne Gefäss strich, bevor es in ein höllisch heisses Öfchen geschoben wurde und das Pulver fortan zerlief. Ein tolles Ergebnis, dachte Sophie, das Schälchen sieht aus wie ein in Flammen stehender Busch, in dem eine bernsteinähnliche, geschützt Perle ruht.

Die durch die einbrechende Nachtkälte bibbernde Frau, die sich bis zur Nasenspitze unter ihrem warmen Bettzeug verkrochen hatte, begriff erst jetzt, dass die Kühle und Härte, welche die Mutter zeitlebends ausgestrahlt hatte, Eigenschaften gewesen waren, unter denen sie selbst wohl am meisten gelitten haben mochte. Überfordert damit, die ganzen Jugendzeit hindurch immer gute Noten schreiben zu müssen, hatte die siebzehnjährige Sophie an einem Abend im März beschlossen, die ganze Familie zu schocken und in der nachfolgenden Nacht zu den damals schon vorhandenen und versteckten Beruhigungstabletten der Mutter gegriffen. Nicht, um zu sterben, sondern weil sie den Druck, mit dem Marlene die Atmosphäre im Elternhaus vergiftete, satt hatte. Eine faschistoide Erziehung lässt das Herz und alle menschlichen Gefühle zu Eis gefrieren, resümierte die nun gereifte Frau ihr erfahrenes Unglück. Die Einhaltung der Busfahrpläne schienen der Mutter mehr am Herzen zu liegen als das eigene Wohlergehen. Und doch vermisste sie diesen agilen und entschlossenen Menschen. Wie zerbrechlich ihr zarter Körper wirkte, als die Tochter ihn zum Abschied in Berlin umarmte. Wie eine im leichten Wind schwebende Daunenfeder, die nur auf sanfte Weise zu streicheln vermag. Sie dachte an Theas leichtes und selbstherrliches Auftreten, das von allen Seiten bewundert wurde. Und doch vor allem die erfahrene Lieblosigkeit verbarg, die die Schwester bis in die Gegenwart hinein zum Kotzen brachte. Die Attitüden des Herrenmenschen, die ein Kind mit seinen Ängsten allein zurücklässt. In seiner hohen Erwartungshaltung an seine Kinder war der Vater nicht viel anders gewesen, stellte Sophie entmutigt fest. Vielleicht war er zu schwach, zu feige gewesen, um der Mutter zu widersprechen. Ängstlich suchte sie nach ihrer Katze, die sich unter der Bettdecke verborgen hielt. Aber Cecil war nicht vor Schreck weggelaufen, sondern schnurrte vergnügt und zufrieden in ihrem Blickfeld. Die plötzlichen Gewaltattacken ihres Vaters hatte das Mädchen immer eingeschüchtert. Auf dem Familienklo verdroschen hatte sie Michael, als sie siebenjährig aus purem Schabernack auf dem Nachhauseweg von der Schule die Fensterscheibe eines Supermarktes mit Erdmatsch beschmierte. Mit achtlos weggeworfenen Styroporlatten liess sich der aufgewischte, weiche Schlamm hervorragend auf den Glasscheiben verteilen und ein kleines - so lästerte Thea später - Woodstock veranstalten. Bis dato kannte sie niemanden, der sich am Telefon grausamer verhalten konnte als ihr so warmherziger Vater, um auf unbarmherzige Art zahlungsunwillige oder zahlungsunfähige Gläubiger anzubrüllen.

Es kam ihr - obgleich hundemüde - so vor, als läge sie noch einmal in ihrem vergitterten Kinderbett unter der Wandschräge. Da gab es die eingebaute Koje noch nicht. Ihr war fast so zumute, als würden die eigenen Arme und Beine wieder auf Kindergrösse schrumpfen und sich Michael liebevoll über das Gitter beugen, um nach ihr zu sehen. Die erwachsene Frau erinnerte sich an das aufgeregte, erhitzte Gesicht der Mutter, das sie am nächsten Morgen aus dem Schlaf scheuchte. Der beliebte Fahrschullehrer war in der Nacht mit seinem Auto schwer verunglückt, gegen einen Baum geraten und hatte sich das rechte Oberschenkelfleisch der Länge nach aufgeschlitzt. Das alles geschah nach einem Streit unter dem Ehepaar, von dem das Mädchen - schon schlafend - nichts erfahren hatte. Aber es kam ihr so vor, als habe sich der Vater in diesem Moment tieftraurig für immer von ihr verabschieden wollen. Sie kniff sich unter der Bettdecke leicht in das Beinfleisch, um sich zu vergewissern, ob alles vorhanden und rechtens sein. Die wohlgeformten, eleganten Beine von Marlene habe sie nun einmal nicht geerbt, schmunzelte sie erheitert, eher die strammen Fussballerwaden von Michael. „Deine Beine sind hübscher als die von der Dietrich“, hatte der Vater zu recht seine zweite Ehefrau gelobt. Es bestand trotzalledem eine grosse Liebe zwischen den beiden, fühlte Sophie, auch wenn zur Weihnachtszeit der gewichtige, dunkelgrüne Marmoraschenbecher durch das Glas der Wohnzimmerscheibe der jüngsten Tochter entgegengeflogen kam. „Du hast recht. Beide waren wie Bonny und Cyde - vor allem beim Geldscheffeln. Bei den vielen Streitereien ging es immer um finanzielle Dinge, weil Marlene nie zufrieden mit dem Erreichten war", hatte ihr die ältere Schwester beteuert. Doch die Frau erahnte, während sie endlich erschöpft einschlief, den hohen Preis, den Marlene für diese Liebe bezahlt hatte. Fühlte den Fluch, der wie verhext über dem neuen Wohlstand und dem Besitz der Eltern lag. Denn versprochen gewesen war dieser Marlenes Rivalin während eines Urlaubes vom Fronteinsatz im Osten. Auf einem Spaziergang am verträumten Flussufer hatte sich Michael in ein Dienstmädchen verliebt, das im Haushalt einer Weinkellerei arbeitete, sie geschwängert und der jungen Wilma eine rosige Zukunft versprochen und zwar haargenau an der Stelle, wo zwanzig Jahre später seine hübsche Villa, Marlenes Schmuckkästchen, stehen sollte.

III.

Am nächsten Morgen geriet Sophie sich vom unruhigen Schlaf leicht gerädert fühlend in Eile, denn sie war verabredet. Ein Nachbar wollte vorbeikommen und ihr dabei helfen, die defekte Spülmaschine für die Müllabfuhr an das Ufer zu befördern. Sie duschte sich schnell, streifte die Jeans über die muskulösen Beine und den kuscheligen, beschfarbenen Wollpullover über Kopf und Oberkörper. Sie nannte ihn den Vaterpullover, weil Michael einmal ein ähnliches Kleidungsstück getragen hatte. Sie schaute auf die abgenutzten Badezimmerkacheln aus den frühen sechziger Jahren, deren zarten, rosagraufarbenen Pastelltöne sie immer noch mochte. „Warum habe ich nur Marlenes römische Nase geerbt?", ärgerte sich die immer noch attraktive Endvierzigerin, „ die gleiche lange Nase hatten auch Marlene und Frieda besessen." Sie machte die Form ihrer Nase dafür verantwortlich, dass sie sich zeitlebens nie getraut hatte, die Männer anzusprechen, die sie besonders anziehend fand. Sie ertastete den zentimetergrossen, beinahe unsichtbaren Abdruck auf ihrem Nasenbein. Das war die Faust des Freundes gewesen, ein unnötiges Abschiedsgeschenk, weil sie ihn nicht gleich hatte gehen lassen. Warum nur hatte sie eine solche folgenschwere Gemeinheit durchgehen lassen?

Der Nachbar erschien schlechtgelaunt. „Ich habe ein arbeitsloses Ehepaar als Mieter für mein leerstehendes Elternhaus gefunden", grollte er unzufrieden, während der kleinwüchsige, etwas zerkniffen wirkende Mann hektisch die ganze Fussleiste von der eingebauten Küchenzeile riss. Entsetzt beobachtete sie, dass der Nachbar aufgrund seines übertriebenen Krafteinsatzes die Leiste demolierte und schliesslich zerbrach. „Zusammen mit ihren sechs Kindern leben die nicht schlecht von Staat. Die beiden haben doch nie gearbeitet, sondern nur Kindern gemacht", schimpfte er heftig, der selber in den vergangenen Jahren als Ingenieur keine Arbeit mehr gefunden hatte. „Sei froh, so sind dir die Mieteinnahmen sicher“, entgegnete Sophie mit zitternder Stimme, die aus Schreck vor dem Wüterich wieder einmal keine Worte fand. Sie war erleichtert, als ihr nervender Nachbar mit einer vollen Tüte Geschirrspültaps, die sie nun nicht mehr brauchte, und einen Gruss an seine Ehefrau davongeradelt war. An der Stelle, wo die Maschine gestanden hatte, hingen dicke, fette Schmutzschlieren. Das sieht ja aus wie bei einer Assozialen, lachte die Frau, die damit begonnen hatte, den Dreck in der leeren Ecke zusammenzufegen. Sie fühlte sich als Arbeitslose nun selbst wie ein Stück Sperrmüll, das man so schnell wie möglich loswerden möchte. Wie könne es nur angehen, dass der sarkastische Begrüssungstitel „Arbeit macht frei“ an den Toren deutscher NS-Lager nun auf absurde Weise zutreffe, fragte sich Sophie entnervt. Sie dachte an eine Bemerkung, die im letzten Vorstellungsgespräch gefallen war und gänzlich ungerechtfertigt ihre Arbeitsfähigkeit infragestellte. „Mit dieser Sprachbehinderung können sie mit den Senioren doch unmöglich singen!“, hiess es. Und an eine junge Arbeitsvermittlerin, die um ihre Stirn ein buntes Band gebunden hatte. Darauf prankte in leuchtenden Lettern „Hit- Radio“. „Da sie für die Pflegearbeit nicht geeignet scheinen, kann ich ihnen augenblicklich nur ein Angebot als Verkaufshilfe in einem Kiosk und ein Angebot als Spülkraft in einem Restaurant nennen“, meinte sie mit gleichgültiger Miene auf ihren PC-Bildschirm blickend. Als spiele sie gerade mit einer radiophonen Glückstrommel und verteile Zufallslose.

„Was für eine bescheuerte Pfeife!“, rief Sophie erbost aus. Sie vergegenwärtigte sich der alten Rauchutensilien des Vaters, die sie in ihrem Berliner Jugendstilschrank verwahrt hatte. Totgeschuftet habe der sich, sagte sie sich. In der Holzpfeife, die er vor dreissig Jahren zuletzt geraucht hatte, steckte bis heute eine letzter Rest Asche. „Die lassen die geschassten Arbeitslosen mitunter antanzen wie die Puppen“, bemerkte sie zu ihrer Katze, die ihr auf die rechte Schulter gesprungen war und die Bewegungen der Frau mit Spannung verfolgte. Sie nahm das Tier in die Arme und begann es zärtlich im Nacken zu kraulen, woraufhin die Katze neugierig die Nasenspitze seiner Besitzerin beschnupperte und innig an ihr schleckte. „Du Schelm, das kitzelt!", lachte Sophie aufgemuntert. Sie dachte an ihre zwei Kinderpuppen - Schlummerle und Rosi benannt, die sie in den schwarzen Zylinder von Michael gesteckt hatte, den er auf dem hiesigen Schützenfest getragen hatte und gleichfalls nicht entsorgen mochte. „Sein Püppchen war ich", zweifelte sie an Michaels gänzlich uneigennütziger Vaterliebe, „und bin vielleicht nur deswegen Martins charmanter Art erlegen." Behutsam setzte sie das Haustier auf den Küchenboden. Es wird bald schneien, stellte sie ernüchtert fest, der Schnee war schon in der Winterluft zu riechen. An einem ähnlich eisigen Tag - es geschah kurz vor Frühlingsbeginn, und es hatte in den ersten Märztagen noch einmal heftig geschneit - war der Vater mitten in der Nacht an seinem dritten Infarkt gestorben. Sie erinnerte sich an seine vollen, anmutigen Lippen und seine kräftigen, wohlgeformten Schläfen. Das Ebenmass seiner schön zu nennenden Gesichtszüge hatte er von Luise geerbt. Dunkelhaarig und nur mittelgross geraten lag in seinen ruhigen, klaren Bewegungen etwas Geschmeidiges und Sinnliches. Seine warmen, zupackenden und etwas klobigen Hände zeugten von einem dennoch sehr intelligenten Mann, der im Leben die Handlung und die Tat liebte. Im Widerspruch zu diesen positiven Eigenschaften standen seine heftigen und cholerischen Ausbrüche. „Du hast versagt", mit diesen unsäglich harten Worten verpasste Michel einer niedergeschlagenen Lieblingstochter eine schmerzhafte Ohrfeige, als die ihre Schullaufbahn in der gymnasialen Oberstufe abbrechen wollte. Dermassen enttäuscht war er plötzlich von seinem Püppchen. Geliebt hatte sie diesen pfiffigen Mann, wenn sie gemeinsam illegal ausgelegte Fischreusen aus der Weser zogen und freudig den Fang begutachteten. Gefürchtet hatte diesen warmherzigen Vater, wenn der mit einer Schrotflinte bewaffnet im familieneigenen Garten auf verirrte Kaninchen zielte und schoss. Zurückzuführen liess sich diese wilde Pirsch, da war sich die Frau sicher - während sie losen Tabak auf dem Zigarettenpapier verteilte, den Rand mit den Lippen befeuchtete und mit ihren schmalgliedrigen Fingern genussvoll eine schmale Papierrolle formte -, nicht auf einen übermütigen Jagdeifer oder auf die Gaumenvorfreude am leckeren Sonntagsbraten, sondern auf Michaels Erlebnisse als Wehrmachtssoldat. Vielleicht habe sie die Schulsachen auch hingeschmissen, weil sie sich wenigstens einen Vater, der desertiert sei, gewünscht habe. Während sie nervös an ihrer Zigarette zog, fiel ihr ein Foto ein, welches ihren Vater kurz nach seiner Entlassung aus der amerikanischen Gefangenschaft zeigte. Leicht gebückt und mit einem leeren, starrem Gesichtsausdruck lehnte er da an einem Hinterrad eines US-Jeeps an einer südfranzösischen Strasse. Die viel zu weiten Zivilhosen, die er trug, schienen ihm fast vom Leib zu rutschen. Schlotternd vor Angst und zugleich froh darüber, glimpflich davongekommen zu sein, sagte sich Sophie, hatte der einen Schiss! Auf einem zweiten Foto war ein schlafender, weil sturzbetrunkener Soldat zu sehen. Besoffen in einem demolierten, kaputtem Armeespint liegend. Sie erkannte ihren weinseligen, blutjungen Vater nur an seinen prägnanten, immer etwas misstrauisch zusammengezogenen Augenwinkeln. „Glückliche Tage in Bordeux“ hatte er mit seiner gestochen scharfen, feingeraden Handschrift unter dem Bild vermerkt. „Michael war ein schlauer Fuchs“, berichtete ein späterer Skatfreund des Vaters der heranwachsenden Tochter, „der hat sich vor der Front verkriechen können, indem er als gelernter Mechaniker die defekten Autos repariert und sich um den Nachschub von Benzin gekümmert hat. Er hat seine Chance gewittert und sich in der Armee zum Fahrschullehrer ausbilden lassen, was sich nach dem Krieg als grosser Vorteil erweisen sollte.“ Doch Sophie wurde mulmig zumute, wenn sie an den SA-Ausweis des geliebten Vaters dachte, den sie aus lauter Scham im Keller inzwischen unauffindbar versteckt hatte. Mitgebrüllt und mitgeprügelt hat er, lautete jetzt ihr vielleicht zu hart ausfallendes Urteil.

Die schlanke, äusserlich stolz und beherrscht wirkende Frau liess die schwere, gläserne Haustür ins Schloss fallen, schritt den schmalen, mit Steinplatten befestigten Weg entlang an uralten, knöchrigen Akazienbäumen, Ginsterbüschen und Kiefergewächs, öffnete die klapprige Holzpforte, um beruhigt auf den im silberkühlen, grauweissem Licht fliessenden Strom zu sehen. Als sie mit einem viel zu geräumigen Mietwagen mit dem heiter klingenden Firmennamen „Amadeus" mit wenig Möbiliar und vielen Zeugnissen aus Berlin an den Ort ihrer Kindheit zurückkehrte, ging sie zunächst an das Bücherregal ihrer Mutter und warf daraufhin den Originalband „Mein Kampf" in das bräunliche Flusswasser, wo er fröhlich absoff. „Bist du verrückt! Das Buch besitzt einen regelrechten Sammlerwert!", schimpfte damals Thea mit ihrer Schwester. „So kann ich in diesem Haus nicht atmen", schnauzte die zurück, „weißt du eigentlich, dass man hier sogar am Bootshaus schwarzbraune Meermuscheln zwischen den Ufersteinen finden kann?" „Du siehst Gespenster!", tat die ältere Schwester Sophies Einstellung ab. „Ein faschistoides Verhalten beinhaltet nicht nur die offene Gewalt und eine Ideologie", entgegnete die, „es bedeutet die rücksichtslose, sich überhebende trügerische Überlegenheit des einen über den anderen Menschen. Das passiert Tag für Tag! In vielen Ländern. Es kann sich dabei um Rassismus handeln oder um Ausbeutung eines Tagelöhners. Bestimmt ist Marlene an diesen Menschen geraten, weil sie in diesen gewalttätigen Strukturen erzogen worden war! Wir hätten wenigstens eine Blutprobe von ihr untersuchen lassen sollen. Du hattest doch ebenso viel Angst vor diesem Kerl!" „Vor allem hätte ein Mediziner Schnaps gefunden", antwortete Thea, ohne ihre Verunsicherung verbergen zu können. Aber sie wollte den Vermutungen der Jüngeren jetzt nicht folgen und sich lieber aus dem Silberbesteck der Familie Webermann die Prunkstücke angeln. „Das Fischbesteck kann ich gut gebrauchen. Die Serviettenringe, in die die kleinen Röschen graviert sind, nehme ich sehr gerne. Scharf! Da ist die tolle Hähnchenschere", erwiderte sie mit gewohnter Bestimmtheit.

Sophie fühlte sich in Marlenes sandfarbener Winterjacke mit dem weichen Fuchsfell an Kragen- und Kapuzensaum bei den kalten Temperaturen wohl. Sie blickte prüfend auf den Zustand ihres dunkelblauen Kleinwagens, der zwischen zwei Lindenbäumen am Ufer ein Zuhause gefunden hatte. In den eleganten grünblauen Sitzen ihres alten Gefährtes fühlte sie sich sicher und während der Fahrt wie ein glückliches Krabbentier, welches gemächlich den Meeresboden nach Essbarem erkundet, ohne einen Feind fürchten zu müssen. Seine blecherne Aluschale schien vor der Aussenwelt. zu schützen. „Wie konnte es Michael zulassen, dass seine hochschwangere Frau noch Fahrstunden gegeben hat - da ist es doch kein Wunder, das ihr beide Acht- und Siebenmonatskinder seid!", sagten Freunde der Eltern. Zweimal im Monat trafen sich die vier Ehepaare, damit die Männer Skat und die Frauen Romme spielen konnten. Sie erinnerte sich daran, dass die sehr mollige und die hochgeschossene, blonde Dame beide denselben Namen trugen und Elfriede hiessen. Die dritte Frau, deren Namen sie vergessen hatte, hatte sich nach dem Tod der Mutter sogar um einen gemeinsamen Trauerkranz „Vom Kartenspiel-Club zum Abschied" gekümmert. Der schnittige, kraftvolle Mann war ein Polizei- und der langweilig-nette ein Postbeamter gewesen. Der lustige aber war ein Vertreter von Keksen und gebürtiger Berliner. Sophie freute sich als Mädchen auf diese Treffen, denn am nächsten Morgen stiess sie im Wohnzimmer auf ungeleerte Teller mit Salzgebäck, Nougatröllchen und Käsehäppchen. „Deine Mutter ist verantwortlich für die ersten, unbeholfenen und groben Fahrschritte des Anfängers", wurde dem heranwachsenden Mädchen von den Freunden ihrer Eltern erklärt", dein Vater übernimmt dann den Feinschnitt - so die Ausbildung bis hin zur Prüfungsreife. Beide sind in der Tat ein tolles Team!" Tatsächlich fühlte sich Sophie in ihrer blauen Blechbüchse wie in einer Höhle, die sie vor der Aussenwelt schützte. Wenn das Auto fuhr, beruhigte sie das Fahrgeräusch mehr als eine Yogaübung. Vielleicht habe ich das Brummen bereits im Mutterbauch wahrgenommen und empfinde deshalb diese wohltuende, leichte Euphorie", lachte Sophie still. „Als Neugeborenes soll die Schwester sitzend in die Zigarrenkiste des Vaters gepasst haben", schmunzelte sie, „vielleicht wurde sie nicht nur mit Leidenschaft, sondern auch mit mütterlicher Berechnung gezeugt, um Michael aus seiner ersten, unbefriedigenden Bindung zu befreien. Vielleicht weiss Thea deshalb die Gunst der Stunde für sich so gut zu nutzen." Sich selbst dagegen empfand sich als eine Art nicht geplanter Zufallstreffer, aber auch als Garant der gemeinsamen Liebe zwischen den Eltern. Eine schwere Zangengeburt soll sie gewesen sein. Auf die Welt kommen wollte sie und dann wieder doch nicht. Sozusagen war die liebe Sophie auf halber Strecke steckengeblieben. So wie im Leben auch.

Die Frau öffnete die Autohaube und begutachtete den Motor, ob der noch wintertauglich sei. Komisch, dachte sie, seine Einzelteile, die Schläuche und Pumpen, ähneln den Innereien des menschlichen Bauches. Sie erinnerte sich an ihr erstes Auto, das ihr Michael zum bestandenen Führerschein geschenkt hatte. Es war knallrot gewesen. In einem heissen Sommer hatte sie ihre Lilie - so nannte sie ihr Gefährt - für eine Auszeit auf dem Fuhrpark der Mutter abgestellt. Als sie es abholen wollte, war es fort gewesen. Der Geschäftsführer, ihr Peiniger, hatte es einfach, da es auf Marlenes Namen angemeldet war, verkauft. Ihr fiel eine Erzählung aus der Kindheit der Mutter ein: Spielend sei die als Mädchen in eine Jauchegrube gerutscht und in dem stinkenden Kot beinahe ertrunken. Konrad hiess ihr Lebensretter - ein Junge, der kurz darauf im Krieg gefallen sei. Als habe sich ihr Lebenskreis geschlossen, steckte Marlene am Ende ihrer Tage wieder in der Klemme - und zwar in der Jauchegrube ihrer Gläubiger. Am Vortag ihres Ablebens soll sie, berichtete dieser Kerl namens Nussbaum, mit dem Vorderrad ihres Kleinbusses in die Werkstattgrube geschlittert sein. Sie muss Nussbaum um Hilfe gebeten haben. Aber warum nur habe sie auf ihre vergeblichen Telefonanrufe nicht reagiert, fragte sich Sophie erneut. Wie ein von einer Katze saubergeleckter Teller hatte das Schlafzimmer der Mutter ausgesehen. Pedantisch aufgeräumt war es gewesen. Nicht nur Marlene, die bis zuletzt eisern und unerbittlich an ihrem Besitz festgehalten hatte, war ihm ein Dorn im Auge gewesen, vor allem sie, die eigentlich als Alleinerbin vorgesehen war, hatte in seiner Schusslinie gestanden. Am Herzstillstand verstorben, lautete die banale Todesursache. „Das bedeutet nichts“, resümierte die Tochter das Geschehene, „vielleicht hat er nachgeholfen, zumindest der kranken Frau seine Hilfe verweigert und wenigstens sein Ziel, mit dem Schwarzgeld zu verschwinden, nicht erreicht.“ Was heisst hier das nichtssagende >Sanft Entschlafen<, grübelte die wütende Frau und schlug mit einem milden, nachhaltigen Druck schlug die Frau die geöffnete Motorhaube zurück ins Scharnier. „Halte durch, Krabbengetier!“, machte sie sich selbst Mut.

In wenigen Jahrzehnten könnte der gelassen in den Norden strömende Fluss aus seinem Ufer ausbrechen. Wenn es stark geschneit hatte und das Tauwetter einsetzte, lief das Flusswasser weitflächig in die Wiesen. Dann hatte die Hauspumpe in Sophies Villa die Grenze ihrer Belastbarkeit erreicht, und sie musste mit Hilfe einer zusätzlichen Absaugglocke die Flut in Schach halten. Trotz aller Mühen und Anstrengungen war in den Keller des Hauses während seiner fünf Lebensjahrzehnte das braune, nach Würmern riechende Wasser mehrere Male eingedrungen. Dennoch liebte sie ihre Villa. Erstanden hatten die Eltern das Grundstück einst von einem echten Baron von Münchhausen, welcher im Ortskern wohnte, keine Phantasiegeschichten erzählte, sondern eine solide Laufbahn als Verwaltungsangestellter hinter sich gebracht hatte. Der gutmütige, glatzköpfige Herr stand nach Marlenes Tod plötzlich vor

Webermanns Haustür, um sich nach dem Wohlergehen des alten Zwetschgenbaumes zu erkundigen. Ob der denn wenigstens noch stehe, wo doch alles verkauft würde, und noch Früchte tragen würde. Beruhigt schien der Baron erst, als er den gesunden Baum im Garten entdeckt hatte. „Ein trauriges Ende hat es mit Marlene genommen", versuchte er Sophie zu trösten, „dieser Nussbaum war ein Scharlatan. Sei froh über die Tatsache, dass dir keine echten Pistolenkugeln um die Ohren geflogen sind." Die Frau dachte an die heftigen Herzrhythmusstörungen, die sie wenige Wochen nach der Beerdigung auf dem Gartenrasen überfielen. Sie befürchtete, jetzt selbst sterben zu müssen. Thea kam in ihrem weinroten Auto herbeigeeilt, um die verängstigte, völlig verstörte Schwester allein und gefühlskalt vor dem örtlichen Krankenhaus abzusetzen. Doch niemand konnte herausfinden, warum ihr Herz irrsinnige, scheinbar grundlose Temposprünge tat. Es könne eben vor Freude zerspringen, aber auch aus Schmerz, meinte sie und blickte nachdenklich auf eine sich in der Spitze gabelnde Riesentanne an der Terrasse stehend, die schon längst hätte gefällt werden müssen. Überprüfte den Zustand der Dachziegel. Ein Konstruktionsfehler des beauftragten Architekten hatte beim Bau zu einem überaus spitz zulaufenden Dach geführt, so dass ihr Haus nun den Charme einer Hexenvilla innehatte. Verdammt, überlegte sie, dieser Steinkasten ähnelt vom Schornstein bis zur Fussmatte genau dem Haus, das sich Wilmas Enkel und Wilhelms Sohn hatte bauen lassen.

Als sie in ihr Haus zurückkehrte, war auf ihrem Anrufbeantworter im Wohnzimmer Wilhelms nuschelnde, im Unterton leicht nörgelnde Stimme zu hören: „Ab morgen sind wir in Skiurlaub!" Wie vom Himmel geschneit stand der Halbbruder nach Marlenes Ableben als Überraschungsgast vor Sophies Haustür. Der grosse und ruhige, stabil gebaute Mann war der älteste der drei Geschwister und hatte inzwischen das Alter von sechzig Jahren erreicht. Sein Gesichtsausdruck ähnelte - wenn in nachdenklicher Stimmlage

- in verblüffender Weise dem Michaels. Der früh erfahrene, abrupte Verlust der väterlichen Liebe hatten den Zehnjährigen für sein späteres Leben misstrauisch werden lassen - so gegenüber jeglicher Art von Nähe und Zuwendung. „Aus meiner Sicht war der Vater ein Weichling“, berichtete er klagend, zugleich gefühlsleer, „nur allzugerne hätte ich meine beiden Schwestern früher kennengelernt, aber dieser Mann hat es mir und Wilma verboten.“ Sophie dachte an Wilmas Bemerkung, dass Michael ihre grosse Liebe gewesen sei. Sie konnte sich deren ohnmächtige Wut und riesigen Hass auf die Mutter gut vorstellen. Sicherlich bedeutete das traurige Ende von Marlene für die beiden eine stille Genugtuung für die erlittene Schmach, erkannte die wiedergefundene Halbschwester, die sich an einen Anruf des totgeschwiegenen Bruders kurz nach dem Ableben des Vaters erinnerte. Die erfahrene Demütigung hatte Wilhelm geradezu ermuntert, mit eisernen, eisigem Willen sein Pflichtteil einzuklagen. Marlene suchte damals wie von einer Tarantel gestochen auf dem Dachboden der Villa nach alten Dokumenten, die eine frühere Auszahlung belegen sollten, doch die Papiere sollten ihr während des Gerichtsverfahrens nicht entscheidend weiterhelfen und sie wurde dazu verpflichtet, dem Halbbruder eine hohe Summe zu überweisen. Die nun dazugewonnene Schwester war nicht unglücklich über Wilhelms bevorstehende Reise, denn er besuchte sie nun regelmässig an jedem Samstagnachmittag - an ihrem Lieblingstag. Viel zu häufig, wie ihr schien. Dann sass er meistens, dies sogar bei kühlen Temperaturen, auf einem rustikalen Holzstuhl auf ihrer Terrasse. Schweigend zwischen grünem Tannen- und Kiefergewächs, Rosen- und Rhododendronzweigen, Apfel- und Mandelblütenbäumen schien er die Stille dennoch jedes Mal zu geniessen. Sie wunderte sich darüber, dass ihr Bruder die Einladung zu einem Stück Kuchen, einer Tasse Cafe oder einem Glas selbstgepressten Apfelsaft beharrlich ausschlug. Als habe er sich heimlich geschworen, sich nichts von Michaels zweiter Familie schenken zu lassen. Auch nicht einen kleinen, harmlosen Schokoladenkeks. Und doch liess sie die Ahnung nicht los, dass er als physisches Schwergewicht nicht ganz uneigennützig zu ihr kam. Und dabei unbeweglich auf dem Terrassenstuhl verharrte. So, als wolle er seinen mächtigen Stand als erstgeborener Sohn ein Stück weit zurückerobern. Als suche er nach etwas, was ihm bis dahin verwehrt worden war.

Wie Michael sollte auch sein Sohn ein vor der Zeit erschöpftes Herz besitzen, das nur aufgrund mehrerer Bypässe funktionierte „Als ich meine Frau kennenlernte, habe ich sie meinen Freunden als meine Schwester vorgestellt. Das sei doch kein Zufall gewesen“, gestand er mit sichtlich betrübter Miene, „zunächst war ich von ihrer eigenwilligen Art eingenommen. Fasziniert von ihrer ungezähmten und starken Pferdenatur. Doch die Liebe währte nur kurz. Der gemeinsame Sohn wurde geboren, aber wir passten nicht zueinander. Schliesslich haben wir uns arrangiert.“ Sophie, welche sich eigentlich nach der Liebe eines Partners sehnte fühlte sich an der Seite des traurigen Kolosses von Mann zusehends unwohler. „So bleibt jeder letztendlich unglücklich für sich allein“, versuchte sie sein Klagen abzuwehren. „Zäh wie deine Frau bin ich, aber für ländliche Verhältnisse ziemlich unkonventionell.“ In Wahrheit aber getraute sie ihm nicht zu sagen, dass er sich ihrer Meinung nach nicht völlig vom Rockzipfel der gedemütigten Wilma gelöst habe. Auf der anderen Seite freute sie sich wirklich über die andere, hellere Seite ihres Halbbruders - so seine Hilfsbereitschaft. Denn die kam von Herzen. Sie war dankbar über seine Tatkraft, wenn es um das Fällen von Tannen, das Säubern der schwindelerregend hoch gelegenen Dachrinnen und verstopften Abflussrohre ging. In jedem Herbst fand sie während der Apfelernte einen glücklichen Abnehmer. „Selbstgekochter Apfelmus ist das beste, was es gibt“, lobpreiste er Marlenes Gartenfrüchte und auf Erden zurückgelassenen Liebesbeweis. Doch im Laufe der vielen Wochenbesuche von Wilhelm wurde ihr endgültig klar, dass er von ihr die fehlende Zuneigung und Aufmerksamkeit forderte, die Michael für seinen Sohn hätte aufbringen müssen. Wenn sie für ihren quasi aus dem Nirgendwo aufgetauchten Halbbruder Boskop, Jonagold und Glockenäpfel pflückte, beschlich sie die böse Ahnung, dass sie für Wilhelm vielleicht nicht nur die neue, lange ersehnte schwesterliche Freundin darstellte, sondern auch ein Ärgernis, weil sie für ihn - wie auch Thea für ihn - das Ergebnis einer sündhaften, zweifelhaften Liebe sein mussten. „Wieso stellst du deinen alten Opel, der übrigens aussieht wie ein Leichenwagen, am Ufer auf meine Parkstelle? Es ist doch ausreichend Platz da!“, forderte sie ihn heraus. Wilhelm mokierte Überlegenheit und witzelte nur: „Das ist der einzige Wagen in meinem Leben, den ich nicht kaputtgefahren und mit Beulen versehen habe.“ Es sei wohl auch kein Zufall, dass der Bruder vor seiner ersten Herzattacke auf dem Arbeitsamt tätig gewesen sein, dort beraten und vermittelt habe, vermutete die Umschülerin.

Wilma meldete sich am Telefon, als Sophie Wilhem eine gute Reise in den Skiurlaub wünschen wollte. „Dein Vater war - das wolltest du doch wissen - nur wenige Wochen an der Ostfront. Er wurde mit einer sehr schweren Mandelentzündung nach Hause geschickt. Nachdem er operiert und wieder gesund war, wurde er nach Südfrankreich geschickt“, erklärte sie in ihrer unverblümten, direkten Art. Mehr aber wollte Wilma nicht preisgeben. Sophie bedankte sich für die Auskunft und hoffte insgeheim, dass der Vater vor den schlimmsten Taten durch eine gewöhnliche Kinderkrankheit abgehalten worden war, aber sicher konnte sie sich nicht sein. Vielleicht war das Erlebte oder Gesehene auch nur schwer herunterzuschlucken, infolgedessen ihm die nackte Angst die Kehle zugeschnürt und er willentlich eine Verschlimmerung der Infektion hingenommen habe, um sich selbst zu retten.. Inmitten der Kriegsschrecken muss er in Wilma eine unverwüstliche und standfeste Bäumin gesehen haben, an deren Zweige er sich festhalten konnte, vermutete Sophie. Auf Dauer zu sperrig und zu hölzern für diesen beweglichen, ideenreichen Mann. Unbeirrbar und hartnäckig bestimmte die inzwischen betagte Frau bis zum heutigen Tag den Speiseplan der Familie des Halbbruders. „Ein bisschen hat er in dir auch Wilma - seine erste, grosse Liebe - gesehen", neidete Thea ihre Schwester. Die erinnerte sich an Michaels Eifersucht angesichts der ersten Liebeleien seiner Jüngsten im Teenageralter. Mit seinem schwarzen Herrenfahrrad war sie zu ihrem ersten Rendezvous im Ortskern geradelt. Dort wartete ein hübscher, braunhaariger Junge, welcher gut Gitarre spielte - in jenen Zeiten ein erstrebenswertes Muss - in einer Kneipe auf das Mädchen. Nach ersten, schüchternen Küssen wollte sie beim Liebesspiel nicht weitergehen und entdeckte plötzlich mit Entsetzen, dass das Fahrrad, welches sie vor der Kneipe abgestellt hatte, während der geheimen Verabredung gestohlen worden war. Riesigen Ärger befürchtend lief sie beklommen nach Hause, fand zu ihrer Erleichterung das Rad wohlbehalten in der Werkstatt wieder. „Sei nicht so leichtfertig, Kleine!", meinte der Vater, welcher sich über seinen gelungenen Coup freute.

Sophie öffnete in der Küche ihren Kühlschrank und stellte mit Sorge fest, dass sie - der Monat November näherte sich seinem Ende - ausser Brot, Butter, Vanilliensosse, Milchreis und Pflaumenmus nichts Essbares zu finden war. Geldklam beschloss sie Bratäpfel zuzubereiten. Sie wählte die schönsten Exemplare aus einem gefüllten Korb, halbierte sie und schnitt das Gehäuse mit den Kernen heraus. Mischte in den Rest der selbstgemachten Johannesbeermarmelade gehackte Mandeln und füllte damit die Äpfel, die sie in einen kleinen Bräter hortete. Übergoss die Leckerei mit der dicken Vanillesauce und stellte sie in den heissen Ofen. Ein schriller Pfeifton drang in den Raum. Aus dem Fenster blickend sah die Frau einen letzten und fast verspäteten Vogelschwarm laut zirpend und gleichsam angestachelt in den Süden ziehen. „Da wäre ich gerne dabei", flachste sie, „eine gebratene Wildgans allerdings auch etwas Feines und nicht zu verachten." Da sich ihre finanzielle Situation aufgrund der Arbeitslosigkeit zu verschlechtern begonnen und beinahe die letzten

Sparreserven verbraucht waren, hatte Wilhelm damit begonnen, sie ab und zu mit kleinen Aufmerksamkeiten zu überhäufen. So mit Putenfleisch, Baguettes oder Cappuccinopulver. Auch, wenn sie sich über seine schokoladenen Schaumküsse freute, empfand sie seine Geschenke als entwürdigend. Als demütigende Almosen. „Ja - lebe ich denn in Kriegszeiten“, versuchte sie sich stotternd Luft zu verschaffen, währenddessen ihre rechte Wange schmerzte, „ich kann doch schliesslich für mich selbst sorgen.“ Sie ärgerte sich masslos über die letzten, schnittigen Auftritte Wilhelms mit seinem nagelneuen, silbergrauem Traumwagen. Als könne er seinen toten und verhassten Vater in unausgesprochener Konkurrenz doch noch besiegen und sich so an ihm rächen. Nur mit Mühe konnte die Halbschwester ihr Verletztsein verbergen, als er Sophie stolz seinen Enkel - einen blitzgescheiten, kleinen Buben mit samtbraunen Augen - vor der Haustür präsentierte. Als eine genetische Trophäe und eine Wiedergutmachung für die Ablehnung, die er durch Michael erfahren hatte. Diesen Enkel gönnte sie ihm sehr, aber sie mochte die Art und Weise nicht, wie Wilhelm seine scheinbare Überlegenheit demonstrierte und den Jungen zur Schau stellte. „Warum besuchst du nicht mal die Thea?“, fuhr sie ihn forsch an. „Die ist so bestimmend“, antwortete er. Sie dachte mit süsser Bitterkeit an den Moment, in dem sie als Vierjährige Hand in Hand mit Marlene aufgeregt durch diese Haustür das neue Heim der Webermanns betreten hatte. An der Decke des Wohnzimmers, in dem Michael gemeinsam mit Thea wartete, hing ein glitzernder Kronleuchter aus feinstem Messing mit hell leuchtenden Lichtern. Mein Leben beginnt, dachte das Mädchen glücklich.

IV.

Am folgenden Morgen verspeiste sie hungrig die letzten zwei Bratäpfel, die herrlich weich geraten auch im erkalteten Zustand auf ihrer Zunge - wie ihr es schien - wie zarter Eisschmelz zergingen. „Hungrig schmeckt fast alles lecker“, sagte sie sich. Sie dachte an die kalten Wintertage in Berlin, in denen sie mit fast kindlicher Vorfreude zusammen mit Martin grosse Äpfel in das Innenfach ihres Kachelofens legte, wo die friedlich und duftend köchelten. Welcher Dämon muss diesen Mann ergriffen und dazu gebracht haben, sich von einem Tag auf den anderen von ihr zu trennen und in ein Hotel zu ziehen, nur weil sie es gewagt hatte nach zwölf Jahren über eine Familiengründung zu sprechen. Zornig dachte sie an die ostdeutsche Sozialarbeiterin, die sich den Westredakteur hinter ihrem Rücken heimlich angelte, während sie in voller Arbeit zu einem Interviewtermin gefahren war. Es sei richtig gewesen, sagte sie sich, dass sie sich für diese Dame nicht interessiert habe. Nach einigen Wochen stand Martin mit Plastiktüten, in die er seine Klamotten gestopft hatte, vor ihrer Wohnung und beklagte sich darüber, dass die Nebenbuhlerin seine sexuellen Bedürfnisse nicht beachtete. „Wie war ich bei dir?“, fragte er die überraschte Sophie, die immer noch an ihrem Engel hing und für ihn in diesem besonders eisigen Winter eine Wärmflasche mit heissem Wasser füllte. Wortlos ging die Frau vor die Haustür, wo sie aus dem Briefkasten mit dem verschnörkelten, eisernem Gitter aus besseren Tagen einen schlichten Brief fischte. Darin steckte tatsächlich ein Angebot für ein zweiwöchiges, natürlich unbezahltes Parktikum als Ergotherapeutin. Eine spätere Anstellung sei möglich, war auf dem Papier verheissungsvoll zu lesen. Sophie freute sich, denn sie befürchtete einen gemeinnützigen Einsatz zum gemeinsamen Schneeschippen oder Müllrat aufsammeln. Ein Arbeitsloser stellt als Kostenfaktor einen idealen, gesellschaftlichen Prellbock dar, der sich hervorragend dafür eignet, das Ego des Leistungsträgers auf Hochglanz zu polieren. Die jetzt zornige Frau hatte die Münder von Gesichtern an der Supermarktkasse vor Augen, welche zu einem schiefen, leicht verachtend und herablassend wirkendem Lächeln verzogen waren, während der geldklamme Pechvogel beschämt die letzten, kleinen Münzen aus seiner Börse pulte. Die die Kassiererin sorgsam nachzählte, was natürlich eine halbe Ewigkeit dauerte. Im Blickfeld die dann seltsam anmutende und unangenehme Unruhe, die sich in der schupsenden und drängelnden Warteschlange einstellte. Als gehe es darum, einen armen Teufel zu enttarnen und zu verjagen, der sich daraufhin so schnell wie möglich davonstahl.

Hatte sie einen Fehler begangen, indem sie an den Ort ihrer Kindheit zurückkehrte? Der Frau fiel die allerletzte Zugfahrt ein, die sie aus der neuen, sich entwickelnden, regen Hauptstadt zurück in die Provinz führen sollte. Den eintausend Volt- Staubsauger hatte sie ihrem schwulen Hausverwalter überlassen. Die liebgewonnene Speicherschreibmaschine hatte sie überstürzt auf den Treppen ihres Mietshauses stehengelassen, als wolle sie sich von einem tiefen Schmerz befreien. Den Korb - darin der geliebte Kater - hielt sie im Zug fest an ihren Leib gepresst, als ein mental behinderter Mann wirre Laute ausstossend dazustieg. In seinen Händen hielt er einen verschmutzten, fussballgrossen Findling. Das ist der Stein - dachte Sophie geschockt - durch den die Mutter mit ihrem unerwarteten, dramatischen Tod den Lebensweg der Tochter blockierte. Die an sich zweifelnde Frau sah auf die viel zu kleinen, dunkelblauen Halbschuhe, die sie sich kurz nach ihrer Ankunft in dem Weserstädtchen gekauft und fortan unbenutzt auf die Marmortreppe plaziert hatte. Es waren untragbare Kinderschuhe gewesen, die sie sich im Laden ausgesucht hatte. Sie beschloss ihrer auf der Küchenablage nunmehr närrisch herumturnenden Katze eine grosse Portion Futter in den Napf zu geben und anschliessend eine kleine Spritztour mit ihrem Wagen zu machen. Es konnte doch kein Fehler sein, bei dem sich ankündigenden, unangenehmem Frost die alte Autobatterie vorsorglich aufzuladen.

Sie fuhr am Weserufer entlang, vorbei an einem im geschmackvollen, skandinavischem Stil gehaltenen Fertighaus. Darin lebte Rosi, die Witwe eines Druckereibesitzers, in dessen Familie die junge Wilma einst gearbeitet hatte. Sie fuhr vorbei an einem heimelig anmutenden Holzhaus inmitten eines stark verwilderten Vorgartens, in dem ein Lehrerehepaar zusammen mit seinem Hund Luna lebten. Das waren Menschen, die sie mochte. In ihrer Kindheit, wusste sie, hatten an dieser Stelle noch ungezähmt wuchernde Himbeerbüsche und verknöcherte Birnenbäume gestanden. Dann folgten in den dreissiger Jahren erbaute Arbeiterhäuschen, die - inzwischen modernisiert - mit ihren kaminrot gebrannten Ziegelsteinen der Wohnstrasse eine überraschend warme Note gaben. Mit Schwung bog die Frau in eine Linkskurve, die zu einem Einkaufszentrum am Ortsausgang führte. Der erste Supermarkt, der hier errichtet worden war, wurde von den Bewohnern noch belächelt und nicht angenommen, war schnell pleite gegangen. Jetzt standen auf dem Acker fünf oder sechs dieser langweiligen Gebäude. Der gemütliche Buchladen im Ortskern, die kleine Drogerie in Familienhand, der Spielzeuganbieter und das Kleider- und Nähgeschäft waren verschwunden. Dafür eingezogen war ein Discount für Billigklamotten, zwei Stehcafes, ein Fusspflegestudio und ein Döner-Stand. Allein ein Parfümgeschäft mit guter Auslage hatte sich behauptet. Sie passierte eine mittelgrosse Fabrik, die Plastikauslagen herstellte und wegen giftiger Abfallprodukte in die Kritik geraten war, und erreichte einen wohlgeformten Baggersee. Sein früher feinsandiges Ufer war in den vergangenen Jahren vom Schilf erobert und der offene Blick auf das Wasser versperrt worden. Der See zudem von einem starken, engmaschigem Zaun umzogen worden, an dem das Schild >Privatbesitz< den Besucher schreckte. Sogar die aufgeschütteten Erdhügel, wo einst verschlängelte Pfade zu einer Abenteuerreise in die aufgewühlte, unterirdische Natur aufriefen, waren verhökert worden. Auf dem Wasser war sie als Heranwachsende in dem Segelboot von Thea, einer schnittigen, hellblauen Jolle unterwegs gewesen. Etwas später lauschte sie mit Kopfhörern an seinem Ufer dem enthusiastischen, schiffbrüchigem Gesang von Bob Dylan. Zur Reifeprüfung studierte sie auf den sonnigen Sandhügeln die politischen Dramen des Bert Brecht. Sophie begann die aufmüpfige, aber optimistische Aufbruchstimmung ihrer Jugendjahre zu vermissen. Von der gesellschaftskritischen Einstellung unter den damals jungen Leuten schien nicht viel übrig geblieben zu sein. Sie erinnerte sich an einen Streit, die die zwei Mädchen mit den Eltern führten, weil die sich zum Weihnachtsfest ein dickbauchiges Kajütenboot leisten wollten. Man stritt sich heftig darüber, ob man sich zum Fest der Liebe überhaupt etwas schenken müsse. Im Nachhinein, grübelte Sophie, hätte jedem einzelnen Familienmitglied ein kleiner Liebesbeweis gutgetan. Zu diesem Weihnachtsfest - über diese Tatsache war die Frau regelrecht froh - konnte sie sich zumindest ein fettes Hühnchen leisten. Kein hormonell verseuchtes Mast-, sondern ein ansehnliches Bio-Hähnchen.

Energisch steuerte die Frau auf einen Feldweg zu, an dem sie hielt. Zur Zeit der industriellen Revolution waren die Webermanns unbedeutende Kleinbauern gewesen. Allein die Erfindung der Selbstmobilität - des Autos und der Automatisierung - hatte den Vater in der Vergangenheit zum Emporkömmling gemacht. Nachdenklich sah Sophie auf den müde, fade daliegenden Winteracker. Inmitten des schlafenden Feldes thronte eine Art Landschaftsinsel voller Bäume, die von einer dicken Mauer eingerahmt wurde. Die Frau stieg aus ihrem Wagen und ging auf dem durchnässten, schmalen Pfad der Ackerinsel entgegen. Die dritte, einschneidende Veränderung war im vollen Gange und bezog sich auf die menschliche Kommunikation. Um wenigstens auf diesem Feld wieder ins Spiel zu gelangen, hatte die nun allein lebende Frau versucht, per Internet wenigstens einen neuen, intelligenten Freund in der ländlichen Verlassenheit zu finden. Das Ergebnis stimmte sie heiter. So entpuppte sich der liebenswert und verständnisvoll scheinende Lehrer nach einem gemeinsamen Restaurantbesuch als ein kerniger, rauher LKW-Fahrer, der ihre unlackierten Fingernägel lobte, was nichts mit ihrer modischen Einstellung, sondern mit der vielen Gartenarbeit zu tun hatte. Der leidenschaftlich angehauchte Werbefachmann, welcher von der holländischen Grenze angereist war, entlarvte sich als notorischer Ehebrecher und finanzklammer Vertreter von Geschenkpapier. Jedoch hatte er Sophie einen wunderschönen Strauss Anemonen mitgebracht. Der technische Zeichner - verwitwet und beglückt mit vier Söhnen - dirigierte in Wirklichkeit Panzerfahrzeuge und litt an Schlafapnoe - an einem sekundenlangen Atemstillstand. Der echte Lehrer hingegen war zehn Jahre älter als vorgegeben und fand die Verlassene leider nur halb so schön wie die Frau, von der er geschieden war. Der, der ihr gefiel, redete unentwegt, worauf sie durch seinen Redeschwall abgelenkt mit ihrem Krabbentier gegen einen Strassenpfeiler donnerte. Wozu nur diese interaktiven Täuschungsmanöver mit überhöhten Ansprüchen nach dem Motto „Alles ist möglich, nichts klappt letztendlich"? Und warum nur war sie nach dem Tod der Mutter in diesen blöden, kommunalen Sportverein eingetreten, fragte sie sich wütend, während sie die unverschlossene Pforte in der dicken Mauer öffnete. Wahrscheinlich lag die Ursache in der Tatsache begründet, dass die Mutter dort einmal ein aktives Mitglied gewesen war und als Übungsleiterin Kleinkinder mit dem Tambourin mobilisiert oder terrorisiert hatte. Sie wäre besser bei den Grünen aufgehoben gewesen, ärgerte sie sich. Einen bissig, ruhig und sachlich auftretenden und älteren Politiker der grünen Fraktion fand sie sinnlich, beinahe schön. „Etwa diesen langen, hölzernen Arroganzling mit der starken, markanten Stimme", hatte sich ihre Freundin Wanda über ihre mädchenhafte Schwärmerei mokiert, „du hast ein Vaterproblem, meine Süsse." „Der hat eben noch echte Führungsqualitäten", hatte sie verlegen gesäuselt, als habe die Freundin sie hierbei bei einer persönlichen Schwäche ertappt.

Wie bei jedem Besuch staunte sie über die Vielzahl und Fülle der Steine, die sie auf dem jüdischen Friedhof des Ortes begrüssten. Eckig, spitz oder rund geformt besass jeder Grabstein seinen individuellen Charakter. Knospen, Blätter und Zweige, schnecken- und kugelförmige Ornamente waren in das verwitterte und steinige Grau gemeisselt. Die Frau liebte die klare, quadratische Beschaffenheit der hebräischen Buchstaben. Jeder einzelne Letter schien in seiner Bedeutung der menschlichen Vorstellungskraft einen neuen Sinn zu verleihen. Im Schi entdeckte sie ein Schnekkenhaus, im Talet einen Tänzer, im Lamed eine Handkarre oder im Resch einen gebogenen Wasserhahn. Der hier zuletzt begrabene Jude nannte sich Emil Blumenfeld, war Synagogenvorsteher gewesen und hatte sich 1937 aufgrund der Naziverfolgung aufgehängt. Häufig hatte sie als Jugendliche - zumeist nach einem Zwist mit der Mutter - in diesem verschwiegenen Garten der Toten verbracht und die steinernen Lebensbeweise der Familien Lipmann, Hildesheimer, Goldschmidt, Löwenstein und Hirschfeld betrachtet. Wenige Jahre später – als sie kaum jemand dafür interessierte – begann sie nachzuforschen, in welchen Häusern des Weserstädtchens diese Familien wohnten. Welche Person noch rechtzeitig davongekommen, wer im NS-Terror getötet worden war. Sie suchte im Ortskern nach der Synagoge dieser ausgelöschten, jüdischen Gemeinde und fand in der ältesten, kopfsteingepflasterten Strasse - in der Katzengasse - stattdessen eine hässliche Autogarage. Eines Tages, da lebte Sophie bereits in Berlin, bekam sie Post aus den Vereinigten Staaten. Erich Lipmann, jetzt Eric Lipman, erzählte ihr in seinem Brief von der Wollfabrik des Vaters, seinem Einsatz als US-Soldat und der hübschen Mutter, die er nicht retten und die im Lager Sobibor umgekommen war. Seinem Schreiben beigefügt war ein Foto, welches einen freundlichen, alten Herrn zeigte - mit grossen, strahlend blauen Augen.

V.

Sophie blickte gelangweilt in den geöffneten Geschirrspüler des Seniorenheimes. In die linke und rechte Seite der oberen Ablage sortierte sie einige benutzte, schmucklose Wassergläser und zehn schlichte, weisse Kaffeetassen. In die Mitte pfropfte sie die bunten Plastikbecher. In das Drahtgestell der unteren Ablage steckte sie nun zwanzig Unterteller und dazu die zwanzig benutzten Kuchenteller der Bewohner. In die Schlitze des Besteckkorbes ordnete sie einzeln die bekleckerten Teelöffel und schmutzigen Kuchengabeln. Der Reihe nach, denn andernfalls könnte sich das Besteck während des Spülvorganges ineinander verheddern. Auf die wohlstrukturierte, römische Tellerarmee verteilte sie sorgfältig die restlichen Tassen und vom Mittagessen übrig gebliebenen Puddingschälchen. Beim Einschalten der Maschine ertönten einige kurze, schrille Töne - ein Klangspiel, das eher dem Auftaktsignal einer Jagdfanfare ähnelte. Mit verhaltener Wut starrte die Frau auf den Markennamen der Geschirrspülmaschine, der identisch war mit der Zigarettenmarke, die der Naziopa einst geraucht hatte.

Was für eine stupide Idiotenarbeit!", dachte Sophie, „von der Tochter aus wohlhabender Familie zur modernen Tellerwäscherin." Ihr Vater Michael würde hämisch lachen, wenn er sie jetzt sehen könnte. Die zweiwöchige Probezeit, die sie als gelernte Ergotherapeutin in einer anderen Einrichtung abgeleistet hatte, hatte nicht zu dem erwünschten Ergebnis einer Einstellung geführt. „Sie machen auf mich einen zu schweigsamen, fast abweisenden Eindruck", kritisierte der fettsüchtige, schleimig auftretende Geschäftsführer der älteren Probantin. „Ein seltsamer Zufall", sagte sie, „dass ihre Mutter, die Heimleiterin, genau in diesen zwei Wochen in Urlaub fahren muss." Sie musste unentwegt auf den unappetitlichen Bauchspeck dieses Herren sehen, der sich bei jedem Atemzug über dessen

Hosengürtel wölbte, und vergass so zu erwähnen, dass sie zuvor ein Jahr lang in einem evangelischen Altenheim als Betreuerin sehr gut klargekommen war. „Ihre Bewohner sind keine Ergotherapie gewohnt. Insbesondere die Alkoholkranken werfen mir Bettkissen und Schuhe entgegen, wenn sie nur freundlich anspreche, und möchten lieber auf dem Balkon rauchen", setzte sie selbstbewusst hinzu - wissend, dass dieses Heim kurz vor der Pleite stand. Erneut ein schlechtes, schrottreifes Angebot des Jobcenters war es, dass kostbare und nicht erneuerbare Lebensenergie verschlungen hatte. Sophie verspürte in ihrem Rücken eine Hand, die zaghaft und schüchtern an ihrem Wollpullover zupfte. Sie drehte sich um und blickte in Evas freundliches, zugleich kindlich wirkendes, rundes Gesicht mit seiner breiten, etwas herb geratenen Nase. Auffallend waren auch ihre schokoladenbraunen, warmen, etwas ängstlich blickenden Augen. „Arbeitsland - da wird geschleddert und geschlendert", rief sie etwas desorientiert. „Komm' mit Eva, wir holen gemeinsam die Zutaten für den Salat, den wir heute machen wollen", sagte Sophie ruhig und ergriff die Hand der an schwerer Demenz leidenden Frau.

Bei ihrer neuen Aufgabe als Betreuerin von Senioren fühlte sie sich einigermassen wohl. Sie hatte den Eindruck von den Frauen, die hier zufällig zusammengekommen waren, gemocht zu werden und musste nicht befürchten, von ihnen absichtlich verletzt oder verärgert zu werden. Der Ton ihrer Sprache wurde lauter, die Worte klangen deutlicher und die Sätze flüssiger. Die schmerzhaften Zuckungen in der rechten Gesichtshälfte liessen nach. Wenn sie mit den alten Menschen, die achtzig Jahre oder noch älter waren, zur Schlagermusik der Capri-Fischer eine Bewegungsrunde veranstaltete, die Alten an den Rollstuhl gefesselt mit Bällen und Tüchern jonglierten, alle gemeinsam an Eier-, Bohnen- und Wurstsalaten schnitten oder Faschingsmasken bastelten, schienen sich die Ohnmachts- und Verlassenheitsgefühle, die Sophie noch für lange Zeit nach der Trennung von Martin und dem Tod der Mutter heimsuchten, einfach in Luft aufzulösen. Die Senioren, die an Alzheimer erkrankt im Begriff waren, den Sinn für die räum- und zeitlichen Zusammenhänge zu verlieren, wirkten beglückt über die Fähigkeit der Therapeutin, sich ihren noch vorhandenen Stärken zuzuwenden, den Kranken Vertrauen und Nähe zu schenken. Sie lächelte nicht geringschätzend, wenn Irene von ihren verstorbenen Eltern sprach - in einem unverständlichen Wortsalat. Oder wenn Ilse tagtäglich ihren Rollator irgendwo im Heim verbummelt hatte. Dies zählte nicht angesichts ihrer Fähigkeit, mit fünfundneunzig Jahren weltmeisterlich schöne Pullover zu stricken. Am liebsten beschäftigten sich die demenzerkrankten Heimbewohner - vor allem die Damen - nachmittags mit einem Würfel- und Zahlenspiel. Denn im Rechnen waren die Frauen, die ihr Leben zumeist als Hausfrauen und Mütter verbracht hatten, nicht zu schlagen.

Cecil, ihre kleine Prinzessin, war gestorben. Tagelang hatte es geschneit. Frühmorgens musste der Gehweg vor dem Haus freigeschaufelt werden und die Autobatterie abends mit einer Wolldecke bedeckt und vor den frostig klirrenden Temperaturen geschützt werden. Sophies Villa wurde zur weissen Trutzburg, die der äusseren Kälte tapfer standhielt und durch die vielen Glasfenster aussah wie ein zerbrechlicher, vereister Schmetterling, der von seinem grausamen Schicksal, erstarrt zu sein, erlöst werden möchte. Dann folgte das Tau- und Hochwasser, das die Fluten weit über das Ufer treten liess und nur kurz vor ihrem Grundstück halt machte. Auch wenn fünfzig oder sechzig wilde Schwäne, deren schlanke Silhouetten sich im milden Abendlicht im blanken Flutwasser spiegelten und die ansonsten öde Marsch in ein glasklares, schimmerndes Naturidyll verzauberten, fühlte Sophie die mögliche Bedrohung, die von diesem Schauspiel in wenigen Jahrzehnten ausgehen könnte. Nach den langen Wintertagen liess sich die Katze nicht mehr im Haus halten und war nach einem stürmischen Spaziergang vor der

Autowerkstatt auf die Strasse geraten und von einem Lastwagen zermalmt worden. Ihr Bauch war durch die physische Gewalteinwirkung geplatzt, die Gedärme zermalmt. Die Augen des Tieres waren im Todesschreck weit aufgerissen. Die Frau weinte bitterlich über ihren erneuten Verlust.

In ihren leuchtend roten, ausgetretenen, samtenen Hausschuhen ertastete Eva mit der Fussspitze vorsichtig die Schwelle zum Fahrstuhl, ob die ihr denn gefährlich werden könnte. „Wir fahren nur zwei Etagen hinunter zur Küche und dann wieder hinauf", beruhigte Sophie die orientierungslose Frau, die über ihren Zustand etwas unglücklich, jedoch nicht verzweifelt zu sein schien. Eva beugte ihren Oberkörper nach unten und begann auf dem Boden des Fahrstuhles mit den Händen zwanghaft nach nicht vorhandenen Schmutzresten oder Fuseln zu suchen. „Gepullert, geputzt und verplempert", säuselte sie in einer eigenartigen Kindersprache vor sich hin. Als sei sie froh, sich endlich sinnvoll einbringen zu können, steuerte die Demenzkranke unterstützt von ihrer Betreuerin den Tischwagen, darauf die Zutaten für den Tomatensalat, zurück in den Gemeinschaftsraum der Altengruppe. „Das sieht gut aus", begrüsste Irene die beiden Frauen hinter ihren dicken Brillengläsern mit den Augen schelmisch zwinkernd, als sei sie froh darüber, endlich einen verständlichen Satz gesagt zu haben. „Niemand kümmert sich um mich," warf Liesschen aggressiv dazwischen. Mit ihrem Gehwagen hatte sie protestierend den Gang versperrt, „ich muss unbedingt zur Toilette." „Da waren sie erst vor zehn Minuten, Lieschen", versuchte Sophie die aufgebrachte, schreiende, alte Frau zu beschwichtigen, „sie empfinden diesen Drang, aber sie müssen nicht wirklich zur Toilette." „Schlechte Kinderstube", kommentierte Helene schadenfroh das Geschehen. Die attraktive, zierliche Frau hatte sich eine dicke Stola, die einem jüdischen Gebetstuch ähnelte, um den schmalen Hals gebunden, „ich kann hier nicht atmen. Bald kommt meine Tochter und bringt mich zurück in meine Wohnung."

„Ihr benehmt euch wie Kindergartenkinder. Seid froh, dass ihr es warm und zu essen habt!“, murmelte Erna mit schiefem Mund. Nach mehreren Schlaganfällen sass die freundliche Dame fast bewegungsunfähig an ihrem Fensterplatz und blickte sehnsüchtig in die Ferne, wo sich auf einer Weide zwei schwarze, junge Pferde trotz der Kälte im freien Lauf vergnügten. „Wer schneidet heute die Zwiebel?“, fragte Sophie die Frauenrunde.

„Sind Sie Frau Webermann?“ Ein mittelgrosser, molliger, fünfzigjähriger Mann stand vor ihrem Jägerzaun und strahlte die verdutzte Frau, die im Garten von den Bäumen abgebrochene, kleinere Zweige aufsammelte, munter an. Sein grüner Anorak war an den Armbünden und Schultern aufgerissen und hinterliess bei der Frau, die ein gepflegtes Äusseres schätzte, einen leicht schäbigen Eindruck. Die Turnschuhe des beinahe glatzköpfigen Mannes waren verschlissen und verdreckt. „Hubertus!“, entfuhr ihr entsetzt. Sie erkannte ihren Jugendfreund an seinen kantigen Schläfen und an seinen schmalen Lippen. Der starre Blick der verengten Pupillen in seinen kühlen, grauen Augen erschreckte sie für einen Moment. Am liebsten hätte sie ihn sofort danach gefragt, ob ein Beruhigungsmittel der Grund dafür sei. „Du lebst jetzt hier?“, fragte der Mann neugierig, während er seinen hart und unsinnlich wirkenden Mund zu einem schrägen Lachen verzog. „Du etwa auch?“, entgegnete die Jugendfreundin, die sich trotz seiner miserablen Aufmachung über den überraschenden Besuch freute. „Ich bin Arzt geworden“, kam er gleich zu seinem Anliegen, „ich bin ein Hausarzt ohne Job und Einkommen.“ Er hob seine Arme leicht an, als wolle er damit seiner Hilflosigkeit Ausdruck verleihen. „Eine Praxis, in der ich gearbeitet habe, ist pleite gegangen“, erklärte er sich beschämt, „aber eigentlich konnte ich den ganzen Stress nicht mehr ertragen. Jetzt lebe ich erst einmal bei meiner Mutter.“ Sophie dachte an den schlaksigen, munteren und aufgeweckten Jungen von einst und an die gemeinsamen Freunde, mit denen sie sich für ein Jugendzentrum eingesetzt und aus diesem Grund einen Arbeitskreis gegründet hatten. „Wir waren eine intelligente und lustige Gruppe mit chaotisch-egozentrischen Zügen“, lachte sie. Die beiden Jugendfreunde einigten sich auf eine warme Tasse Tee in Marlenes Küche. „Aus dieser türkisfarbenen, antik-musealen Teekanne haben wir schon vor dreissig Jahren getrunken“, bemerkte die Frau heiter, „das heisse Getränk und die ersten Sonnenstrahlen tun gut angesichts der zunehmenden sozialen Kälte ringsrum.“ „Ich denke, unsere grossen, sozialen Hoffnungen und gesellschaftskritischen Ambitionen sind bereits vor fünfzehn, zwanzig Jahren - so mit der Öffnung der ostdeutschen Mauer gestorben“, äusserte sich Hubertus an der Tasse nippend. „Wir haben eben damals viel wilde Musik gehört und uns eine andere Welt, in der es weniger Kriege und Hass gibt, erträumt“, stimmte sie ihm zu, „heute trifft man sich nicht mehr auf Rockkonzerten, man chattet im Internet. „Ich glaube nicht, dass man sich dort näher kommt als wir es untereinander waren“, erwiderte der Jugendfreund ernsthaft, „ trotz der vielen Kontaktmöglichkeiten. Heute zählt nur noch, ob du etwas erreicht und eine gut bezahlte Position einnimmst.“ „Leistungsorientiert waren wir aber auch“, entgegnete sie, vielleicht etwas zu irrational eingestellt, was wirtschaftliche Notwendigkeiten betrifft.“ Jetzt zählt nur noch die nackte Effiziens“, sagte Hubertus sich die Hände an der warmen Tasse wärmend, „dem sehe ich mich nicht mehr gewachsen. Auch die Grünen haben inzwischen PR-Berater, tragen schicke Schlipse und tolle Frisuren. Ich fühle mich momentan wie eine Null und Niete.“ „Mir ergeht es nicht unbedingt besser. Zwar gehört mir das Haus, aber es kostet und die Umschulung, die ich abgesehen von den Schulkosten selbst bezahlt habe, hat viel von meinem Erbe verschlungen“, antwortete Sophie und kramte eine bunte Keksdose aus dem Küchenschrank, „eine gut bezahlte Arbeit habe ich bis jetzt nicht bekommen und wollte doch eigentlich als Journalistin mein Geld verdienen. „Wir sind eine übergangene Generation“, meinte Hubertus und fischte sich die schönsten Schokoladenkekse mit Pistazien aus der Dose. „Eine getäuschte Generation! Seit der Arbeitslosenreform und den Finanzkrisen starren wir wie gebannt auf den Zustand unserer Fresstöpfe“, schimpfte die Frau. „Nur um die geht es. Wehe dem, der nur ein armes Würstchen ist“, grinste der Freund.

Das schrille Geschrei einer Frauenstimme riss Sophie, deren halblanges, immer noch volles Haar ihr wirr ins Gesicht fiel, aus ihren Gedanken an den Überraschungsbesuch von Hubertus. Ah- wieder einmal reiche der Lohn nicht für einen Friseurbesuch, stellte sie ernüchtert fest, steckte die losen Strähnen mit einer Spange zu einer Hochfrisur und verteilte die weissen Teller für das Abendbrot. „Bitte hilf' mir!“, rief Frieda aus voller Kehle. Die abgemagerte, verwirrte, um ihre Selbstbestimmung kämpfende Alzheimererkrankte schien an diesem Tag ihre ganze, noch vorhandene Lebensenergie gebündelt zu haben, um sie herauszuschreien: „Liebst du mich?“ „Ja, ich mag sie sehr, Frieda!“, antwortete ihre Betreuerin, die nach fast sechs Stunden intensiver Fürsorgearbeit müde war. Die Seniorin trug den gleichen Vornamen, die Sophies in den Freitod gegangene Grossmutter innegehabt hatte, und sie wirkte auf ihre Beschützerin genauso hartnäckig, fein und vornehm wie die in ihrer Erinnerung auftauchende Verstorbene. Über dem Kopf der alten Frau flackerte auf dem schmalen Bildschirm eines neuen und eleganten TV-Gerätes ein Tierfilm. Zu sehen war eine hundertjährige Riesenschildkröte, die an einem Inselstrand herumkroch. „Möchten Sie so alt werden wie dieses Tier, Frieda?“ „Nein, meine Gute, aber seinen Panzer hätte ich gerne“, flachste die und fügte sehr ernsthaft hinzu: „Weißt du, ich verliere mich. Das macht mir Angst.“ „Ich verstehe dich, Frieda“, sagte ihre Betreuerin leise. Die flehenden Augen der alten Frau fixierten sie herausfordernd und mit grosser Härte. Sie liessen Sophie nicht los. Die floh in Gedanken an die entspannten, innigen Sommerabende, die sie zusammen mit Martin auf ihrem Berliner Balkon verbracht hatte. Lachend und beschwipst. Sie dachte an sein lebendiges und glückliches Gesicht, obgleich er einen anstrengenden Tag in der Zeitungsredaktion hinter sich hatte. An die leicht angekohlten Grillwürste, die trotzdem geschmeckt hatten. Die selbstgezogenen, sattgelben Sonnenblumen, die an der grün gestrichenen Hauswand Halt fanden. Das war vorbei. Das seltsame, irritierende Gefühl, in der eigenen Heimat eine Fremde geblieben zu sein, beschlich sie.

VI.

Als Heimweg wählte sie die kürzeste Fusstrecke. Die Frau, welcher ein stolzer und aufrechter, ja prinzessinnenhafter Gang nachgesagt wurde, schritt vorbei an der in goldgelber Farbe frisch renovierten Kirche, die ein auffälliger Turm zierte. „Der wurde konstruiert wie eine Wendeltreppe", tief atmete sie die klare, wohltuende Abendluft ein, „sie gleicht irgendwie meinem Leben und doch besitzt einen Anfang und ein Ende." Allzugerne hätte sie jetzt eine Bekannte, mit der sie zusammen in das Gymnasium gegangen war, besucht. Die Graphikerin hatte mit Sophie, die in Berlin eine lange Autopause eingelegt hatte, das neue, blaue Gefährt gekauft und die ersten Runden gedreht. Dafür war sie ihr immer noch dankbar. Ihr war bewusst, dass ihre Bekannte ihren Job in der Druckerei verloren und ihr kleines Schreibwarengeschäft mangels Nachfrage hatte aufgeben müssen. Aus dem Laden im Ortskern drangen nun die intensiven, leicht aufdringlichen Duftschwaden von Dönerfleisch, die sie tagtäglich vor der Haustür in Berlin-Neukölln begleitet hatten. Aber sie fürchtete den unterschwelligen Neid der Bekannten, weil sie nach Marlenes Tod das Haus geerbt hatte. Sie ging eine schmale Strasse aus Kopfsteinpflaster entlang, zur linken und zur rechten Seiten standen hübsche, jedoch voneinander kaum zu unterscheidende Einfamilienhäuser. Noch vor wenigen Wochen hatte ein eisiger Schneesturm ihr das frierende Unbehagen hier in das Gesicht getrieben. Nun versprachen die dicken, noch verschlossenen Mandelblütenknospen und die aus ihrem Winterschlaf erwachten, bereits spriessenden Rosenblätter einen wunderbar sonnigen Frühling. Ein kleiner Pfad führte zum evangelischen Friedhof, auf dem Michael und Marlene begraben lagen. Warum nur rege Thea keinen Finger für die Grabpflege, fragte sich Sophie fast erbost, die Trauerarbeit überliesse sie mehr oder weniger ihrer verhassten, jüngeren Schwester. Und die sah sich mit ihrem von schier unüberbrückbaren Hindernissen übersätem Lebensweg schon genug bestraft. Trotzdem schwor sie sich, sich nicht aufzugeben. In Sichtweite tauchte das süsse, viel Behaglichkeit ausströmende Elternhaus von Hubertus auf. Warme, dunkelbraune Holzbalken stützten den verwinkelten, überdachten Eingang, zu dem drei, vier schmale Stüfchen führten. An der Holzdecke baumelte einsam eine niedliche Lampe, die jedoch nicht brannte. Die Rolläden der Fenster waren heruntergezogen, die Pflanzenbeete verwildert. Einzelne Steine aus dem Gehweg herausgebrochen. Schicksal sei es, dachte sie schweigend, dass sie ihre Lebenswege noch einmal kreuzen sollten. Und der Fakt, dass das Grab seiner Eltern genau neben dem von Michael und Marlene plaziert sei, ein seltsamer Zufall.

Sie drückte auf den Klingelknopf an der Haustür, doch der Strom war abgeschaltet. Niemand öffnete. Die Frau sorgte sich um ihren mittellosen Jugendfreund. Noch vor kurzem hatte sie ihn hier angetroffen mit den schlechten Nachrichten, dass seine Mutter nach einem schweren Schlaganfall in ein Pflegeheim eingewiesen worden sei und sein älterer Bruder ihm das Nutzungsrecht vom Haus abgesprochen und gegen ihn eine Räumungsklage erwirkt habe. „Das geht ihm leicht von der Hand, denn schliesslich ist er ein Rechtsanwalt", erklärte Hubertus niedergeschlagen, „er möchte das Haus verkaufen und damit die dreihundert Euro sparen, die er monatlich als Pflegegeld zuschiessen muss. Dabei bin ich es, der meiner Mutter, die nach dem Anfall nicht sprechen kann, nahesteht." Um Kosten zu sparen, hatte er das Wohnzimmer nicht beheizt. Beide hatten wie zwei frierende Kinder unter einer gemeinsamen Wolldecke auf dem verstaubten Sofa der Mutter Schutz gesucht. „Das ist so nicht lange auszuhalten, Hubertus", sagte sie, die sich davor scheute, den sich in grossen Schwierigkeiten befindenden Freund bei sich aufzunehmen. Jemanden, der vielleicht noch grössere Probleme besass als sie selbst und allem Anschein nach wie Klebstoff an seiner Mutter hing. „Nein - eine richtige Beziehung, die mehr als zwei Jahre gedauert hat, bin ich zeitlebends nie eingegangen", gab er endlich zu, „du hast nicht ganz unrecht damit, dass ich bereits als Jugendlicher alles auf die leichte Schulter genommen habe. Meine Zeit vor allem mit Kaspereien verbracht habe. Aus einer zweiten Praxis bin ich übrigens hinausgepflogen, weil ich bei einem schweren Asthmaanfall eines Patienten versagt hatte." Seine vielen negativen Botschaften und traurigen Geständnisse liessen Sophie erschaudern. Er versprach ihr, sich zu melden, falls es ihm noch schlechter ergehen sollte. Dies jedoch hatte er unterlassen oder versäumt zu tun. Sie fragte sich mit einem schlechten Gewissen, wo sich der Freund nun verkrochen habe möge. Bog ab in den kleinen Bürgerpark, wo sie von einer wild umherflatternden, gackernden Herde von bunten Hennen überrascht wurde. Ein grosser, stattlicher und schwarzer Hahn tauchte auf und schien allein durch seine Präsens Ordnung in das glucksende Chaos zu bringen. Schade, dachte sie, dass Hubertus nicht ein bisschen von dem Stolz des schwarzen Federviehs an sich hatte, das zumindest von sich überzeugt und sich nicht unterbuttern zu lassen schien. Im Gegenteil - er hatte vor allem Federn gelassen. Vielleicht war er kein guter Arzt geworden, aber als einen engagierten Sozialarbeiter konnte Sophie sich den Geschassten vorstellen. Hoffentlich würde ihr eine Räumungsklage oder etwas, was ihr noch viel schlimmer erschien, so die Zwangsvollstreckung der Villa erspart bleiben. Mit Schaudern dachte sie an die Ortsbank, die sie nie zu den Öffnungszeiten betrat, um Geld abzuheben. Müsste sie es, würde Angstschweiss ihren ganzen Körper bedecken, ihr Herz zu Tode rasen und ihr Gesicht kein Fleisch mehr sein, sondern eine nebelgraue, augen- und mundlose Fläche. Wie von einem tollwütigen Hund abgerissen. So ist es, erkannte sie, wenn Mensch in modernen Zeiten sein Gesicht verliert.

Die Frühlingszeit war endlich da. Sophie rekelte sich in ihrem Liegestuhl, der bereits vor ihrem Schreibtisch in Berlin gestanden hatte. Damals blickte sie auf ein vergrössertes Fotomotiv, das sie selbst auf der Insel Malta aufgenommen hatte. Es zeigte eine gewaltig hohe und begrünte Klippe und die Sicht auf das leuchtend blaue Mittelmeer. Vereinzelt träumten Mohnblumen in der ansonsten kargen, von der heissen Sonne verbrannten und gezeichneten Felslandschaft. Heute blickte sie in der kräftig scheinenden Maisonne auf die zart rosa- und lilafarbenen Rhododendronbüsche, die Marlene einst - als Geschenk des ältesten Bruders - angepflanzt hatte. Ihr zu Füssen streckte sich auf dem Rasen freudig ihre neue Errungenschaft - so eine Tigerkatze. Karlchen nannte sich das Pflegekind. Lustig anzuschauende, dunkelgraue Fellkringel prägten den Pelz der jungen Herbstkatze. „Du bist ein ganz feines, sensibles Kerlchen“, freute sich die Frau. „hast ja einen kleinen Huckel auf der Nase wie deine Besitzerin und supergrosse Ohren. Mit denen wird dir nichts entgehen.“ Glücklich über die neue, konfliktfreie Zweisamkeit suchte sie mit ihren nackten Füssen die Weichheit des vollen, saftig grünen Rasens und begann mit grossen, schnellen Schritten über den nachgebenden, sich angenehm anfühlenden Boden zu laufen. Freudig und aufgeregt folgte ihr das Tier. An diesem Sonntagvormittag hatte sie in ihrer Kleidergarderobe gestöbert und den Zustand ihrer Sommerkleider geprüft. Das rote hatte ein, zwei unschöne Löcher, das gelbe stand ihr nicht besonders, das besche mit dem Rosenmuster musste an den Schultern geändert werden, das blaugestreifte war reif für mehrere Putzlappen und das weisse etwas für den Hochsommer. Sie entschied sich für das blaugeblümte Kleid, das den Busen betonte, glockenförmig und weitgeschnitten über die Taille fiel, in dem sie sich frei bewegen konnte und sich nicht eingezwängt sah. Die kalten Wochen, in denen sie wie eine Einsiedlerin in ihrer Villa verbracht hatte, waren endlich vorbei. Übermütig schnappte Karlchen nach dem in der Bewegung schwingenden Saum des blauen Kleides. Seine Besitzerin blieb im Garten vor einem schweren Findling stehen. Auf diesen Stein war sie am Tag der Beerdigung von Michael geklettert, weil Marlene, die den Tod des Vaters gerade erst begriffen und noch längst nicht verarbeitet hatte, sich ein Foto von der siebzehnjährigen Tochter wünschte. Vielleicht mit dem geheimen und verständlichen Wunsch, Sophie würde nun in die Fusstapfen ihres verstorbenen Mannes treten. Mit der Kameralinse die jüngste Tochter im Visier habend, übersah sie, wie sehr diese in ihrer manchmal ungetümen, wilden Art ihr selbst ähnelte. Ein Charakterzug, der ein weiteres Anketten nicht zuliess. In der grossen Trauergemeinde auf dem Friedhof hatte sich damals auch Wilhelm befunden - wie er später den Schwestern berichtete. Oder genauer gesagt, er hatte sich unter den Telnehmern versteckt und quasi unsichtbar gemacht. Aus der Furcht heraus - so der Halbbruder - von Michaels zweiter Familie erkannt zu werden. „Sicherlich hat er innerlich eine Hasskappe getragen", sagte sie zu ihrem Kater, der sich auf einen kleineren und vermoosten Stein gesetzt hatte, der vor einer künstlich aufgeschütteten Anhöhe lag. Vor einer Laube, eingerahmt von Ginster- und Fliederbüschen und uralten Eichen. In die Mitte der Baumlaube war ein schwerer quadratischer Steinklotz und darauf eine ebenso gewichtige steinerne Platte gehievt worden. „Diesen Tisch gibt es schon seit fast zweihundert Jahren", erzählte Michael seiner erstaunten, jungen Tochter, „früher ist man hier zusammengekommen, um wichtige Dinge zu besprechen, um sich auszuruhen oder um zu feiern." Jetzt fiel ihr ein, dass sie als Teenager die ihr langweilig erscheinenden Steine mit weisser Lackfarbe bemalt und mit blauen Punkten betupft hatte, woraufhin der Vater wochenlang kein Wort mit ihr gesprochen hatte. Inzwischen war die Kunstfarbe abgebröckelt und der steinerne, graue Tisch von verwitterten, grünem Moos überzogen. „Der ist immer noch hässlich", erklärte sie Karlchen, der sich jedoch für die ersten Frühlingsfalter zu interessieren begann, „aber er kommt mir jetzt vor wie ein Opfertisch, an dem der Vater seinen Sohn für seine zweite Familie geopfert hat. Und schliesslich für ein Leben in Wohlstand sich selbst." Oder war sie das letzte Opfer im Reigen? In dieser Laube hatte sie mit ihrem ersten, festen Freund Zärtlichkeiten ausgetauscht. Sich geküsst und gestreichelt.

Henning hiess er und war der Sohn eines Richters aus der Kreisstadt. Wochenlang hatte sie den schüchternen, jungen Mann in seinem viel zu grossen, grünen Parker in der Schulpause beim Rauchen beobachtet, bevor sie ihm kurzentschlossen einen Liebesbrief schickte. Henning war fünf Jahre älter als Sophie, zweimal sitzengeblieben und hatte es trotzdem geschafft, vor der Abiturprüfung zu stehen. Die beiden vereinbarten telefonisch einen Termin und trafen sich in einem Cafe. Er schien das Mädchen nicht übel zu finden und lud sie an einem Sonntag im Januar zu sich nach Hause ein, wo er sich weiter mit der Frage zu beschäftigen schien, ob er nun mit der Kleinen etwas anfangen sollte oder besser nicht. Das tat er schliesslich, als sie forsch seine Badewanne und elektrische Zahnbürste auszuprobieren begann. Sich ihm nackt im Badezimmer präsentierte. Es blieb bei harmlosen Fummeleien auf seiner Couch. Sie mochte den jungen Mann und sein unaufdringliches, offenes Verhalten. Dabei war er mit seinen dünnen, strähnigen Haaren und seiner dicken Nase nicht besonders attraktiv. „Frauenkörper sind einfach schöner", eröffnete er ihr. Sie wiederum fand es toll, dass er bereits feste Zukunftspläne hatte, den Wehrdienst verweigern und später wie sein Vater Jura studieren wollte. Warum sie die zarte Freundschaft mit diesem liebenswerten, jungen Mann bereits nach wenigen Monaten grundlos auflöste, war ihr bis heute rätselhaft geblieben. So ein lieber Mensch hätte ihr im Chaos der Erbschaftsangelegenheit bestimmt geholfen, dachte Sophie reuig und blickte in die Ecke der Laube, wo Henning, wenn er sie besuchte, sein Rennrad untergestellt hatte.

Dabei war er nicht ihr erster Liebhaber gewesen. Der jedoch hatte mehr von ihr gewollt und lebte in der Wohn- und Studiengemeinschaft ihrer Schwester. Buh nannten ihn Theas Kommilitonen, doch er besass nichts Furchteinflössendes. Im Gegenteil - durch seine Jagd auf junge, unberührte Mädchen wollte der schmächtige, aber sehnige Student wahrscheinlich vor allem seine noch nicht gefestigte Männlichkeit unterstreichen. Geschadet hat er mir nicht, stellte Sophie beruhigt fest. Auch er hatte sie mit seinem klapprigen, grauem Volkswagen in sein Elternhaus eingeladen. In berechtigter Sorge um seine frühreife, abenteuerlustige Tochter hatte Michael zuvor eine Familienkonferenz einberufen, zu der auch Thea erscheinen musste. Buh musste vor dem Vater sein verantwortungsvolles Handeln kundtun, denn sein Püppchen war gerade erst vierzehn Jahre alt geworden. Nie wieder, stellte Sophie wehmütig fest, habe sich jemand mehr Sorgen um sie gemacht - so wie damals der Vater! Im schrottreifen VW ging es hinaus in die Umgebung von Hannover zu einem niedersächsischen Gehöft. Die Mutter von Buh, eine verwitwete Tierärztin, hatte dem jungen Liebespaar ein Tablett mit heissem Kaffee und Gepäck - das war eine alte, umgebaute Scheune gewesen - gebracht. Die junge Sophie wunderte sich unendlich über die Warmherzigkeit der alleinstehenden Mutter, die sich so sehr von Marlenes kühler, ja kalter Strenge unterschied. Sie vergegenwärtigte sich noch genau an das milde, wohlwollende Lächeln dieser Frau. Von Gross bis Klein, in vielfältigen Farben waren die Hauspantoffeln der sechsköpfigen Familie an der Flurwand des Bauernhofes liebevoll aneinandergereiht. Er duftet so gut, empfand Sophie in den dicken Federbetten liegend. Nie wieder hatte sie einen Mann getroffen, der so kernig und frisch gerochen hat. Sein schmales, erigiertes Glied empfand sie als angenehm. - und auch das erste, geballte Nervenkribbeln. Während ihres ersten Liebesabenteuers dachte sie an den älteren Gymnasiasten, für den sie schwärmte. Der Plan für einen Liebesbrief stand fest. Das alles geschah an einem trüben Buss- und Bettag.

Kater Karlchen war den hellgelben Zitronenfaltern hinterhergejagt, über den Rasen gerannt und am uralten, verknorpelten Apfelbaum hochgesprungen, der auch in diesem Jahr erstaunlich kraftvoll aufgeblüht war und bald die süssen Früchte tragen würde. Sein schlanker Stamm glich einem müden Tänzer im Bühnenlicht, der seine Arme - seine verknöcherten Äste - mit seinen hundertfachen Windungen, gleichsam einer skurrilen Bewegungslinie folgend gen Himmel streckte. Als wolle er es über seine Einsamkeit klagend noch ein letztes Mal mit dem Leben aufnehmen. Wie versessen hatte sich das Tier an seinem Stamm festgekrallt. Seine Besitzerin war ihm gefolgt und tastete nach dem Brief, den sie in der aufgenähten Tasche des Kleides versteckt und seit Tagen ungeöffnet mit sich trug. Die Frau riss das Kuvert auf. Aus dem flatterte ein grösserer Geldschein. Auf der Karte abgebildet eine hübsche, lilafarbene Orchidee: „Kaufe dir etwas Schönes! Wir fliegen nach Hongkong. Habe furchtbare Flugangst. Thea“ War dies vielleicht der Bonbon, den Frieda ihr einst verweigert hatte? Vielleicht meldet sich bei der hartgesottenen Schwester nun endlich das schlechte Gewissen, freute sich Sophie aufrichtig. Um Thea nachzueifern und um ihrem Vorbild zu folgen, hatte sie sich närrischerweise auf dem Gymnasium für die naturwissenschaftlichen Leistungsfächern entschieden. Sich daraufhin in einer von Testosteron angereicherten Runde von frechen, pubertierenden Jungen wiedergefunden. Aber die junge Frau konnte nicht der technik- und motorbegeisterte, unfehlbare Sohn sein, welchen sich die Eltern vielleicht unbewusst in ihr gewünscht hatten.

Paradoxerweise endete ihre Schul- und Selbstfindungskrise mit dem plötzlichen Herztod von Michael, denn mit ihm war gleichsam der warme Pol der Familie Webermann gegangen. An einer Gesamtschule konnte Sophie endlich die heissersehnten Schritte in ein selbstbestimmtes und eigenes Leben tun. Die Depression war verflogen, denn an der Schule zählte zum ersten Mal auch das positive, freundschaftliche Verhältnis zu den Mitschülern. Die Arbeiten aus dem Fotolabor erhielten den gleichen Stellenwert wie die Ergebnisse aus der Lateinarbeit. Die Jugendliche fühlte sich beschwingt, als hätte sie in einem Lottospiel gewonnen. Die Zimmerdecke und -wände in ihrer ersten Wohngemeinschaft bemalte sie mit dunkelgrünen Blättergirlanden. „In deiner grünen Hölle hockst du aus wie ein Südseekollibri", kommentierten die zwei Männer der Wohngemeinschaft - ein Altenpfleger und ein Schlosser auf dem zweiten Bildungsweg - das ungewöhnliche Pflanzengerakel. Ohne das typische, weibliche Konkurrenzgehabe - quasi, um sich ungezwungen näher zu kommen, genossen die junge Sophie und ihre Mitbewohnerin, die aufgeweckte Tochter eines Lehrers, ein gemeinsames Bad in der WG-Wanne. Den freizügigen Badejux nannte Sophie später „meine wilde Zeit", in der sie auf den viel älteren, schwarzgraugelockten Eli traf, der sich mit einem staubigen Antiquariat und Englischunterricht in der Nordstadt von Hannover über Wasser hielt und von Wurststullen und gezuckertem Tee lebte. Unter Elis Bett lag eine menschengrosse, allzeitbereite Plastikpuppe mit grossen, ins Leere starrenden Augen. „Geputzt habe ich die noch nie", erklärte er der entsetzt auf das gebrauchte, entseelte und wehrlose Utensil blickenden Sophie. Komischerweise hatte Marlene diesen seltsamen Eigenbrötler aus der Leinestadt gemocht.

Kater Karlchen war behutsam vom Apfelbaum gesprungen und sass nun friedlich auf dem vom warmen Sonnenlicht überfluteten Holztisch. Seine bernsteinbraunen Augäpfel mit den hellgrünen Sprengseln strahlten zufrieden. Überrascht stellt die Frau fest, dass sie dort nie ihre Patentante Friedlinde, so die jüngere Schwester der Mutter, besucht hatte. Das musste mit dem Erbschaftsstreit um die Schnapsfirma zu tun haben, vermutete sie. In Kindheitserinnerung war ihr vor allem die riesige, graue Kartoffelkiste geblieben, die ihre Tante im Keller ihres schnieken Einfamilienhauses deponiert hatte. Die Kiste für die einfachen Erdknollen stand auf kalten, schwarzen Steinplatten und schien völlig identisch zu sein mit dem Monstrum, das sich Marlene hatte zimmern lassen. Trotz dieser augenscheinlichen Gemeinsamkeit hassten sich die beiden blondhaarigen Schwestern. So konnte es Friedlinde nicht ertragen, dass das Wohnzimmer in Marlenes Villa nach ihrer Aussage feudaler wirkte. Die Mutter hingegen wollte der anderen deren besseres Klavierspiel nicht vergönnen. Auch Erika, die dritte im Geschwisterbund, hatte Sophie in ihren wilden, unbelasteten Jahren vergessen. Die galt mit ihrem ebenmässigen Gesicht und ihrem feinen Lächeln als die schönste der drei Frauen - als Rose der Herrenmenschfamilie, weil ohne ihren Makel - die hakige Grossnase - versehen. Sie verbrachte ihr Leben mit einem etwas pedantisch wirkenden Beamten in einer hübschen Eigentumswohnung in der Landeshauptstadt, wo sie in einem Geschäft Lampenschirme verkaufte. Gemieden hatte die Nichte auch den brüllenden Friedhelm, einen Hünen von Mann und den ältesten Bruder der Mutter. In Friesland mit einer Züchterin von Edelpferden und Edelzierpflanzen reich verheiratet soll er nach einem Ehrendinner mit dem damaligen, niedersächsischem Ministerpräsidenten mit einer Flinte wild um sich geschossen haben. Der Auslöser für eine Ehescheidung. Sophie war mehr als verwundert, als sie auf der Beerdigung von Marlene auf einen in sich gekehrten, regelrecht gutaussehenden Mann traf. Der Onkel schien der einzige unter den angereisten Verwandten zu sein, der sich in Respekt vor seiner toten Schwester verabschieden wollte. Thea und ihr Mann hatten wie scheinheilige, weil schweigende Apostel über der Trauertafel gehangen. Im Stillen wohl darüber grübelnd, wie Marlenes Besitz am besten zu verscherbeln sei. Friedlinde war lieber in Spanien auf Urlaub geblieben, Hein - der jüngste der fünf Geschwister - war während der Trauerfeierlichkeiten plötzlich auf Nimmerwiedersehen verschwunden. Vor Marlenes Tod hatte Sophie ihren jüngsten Onkel gegenüber der Mutter häufig in Schutz genommen und verteidigt, denn er galt als Versager, weil er seinen Vater nach Friedas Selbstmord verprügelt haben soll, ein Informatikstudium begonnen und vom elterlichen Hof geflüchtet war. Enttäuscht beobachtete sie nun einen nervösen und unsicheren Menschen, der sich bei Thea anbiederte. Wahrscheinlich war es die erlebte Zwietracht und Feindseligkeit unter Marlenes Geschwistern gewesen, in diesem Punkt war Sophie sich ganz sicher, die sie davon abgehalten, gegen Thea und ihre Habgier zu klagen. Dieser Zwist sollte sich nicht in der Familie noch einmal wiederholen, wusste sie, und kraulte zärtlich das weiche, samtene Nackenfell ihres Katers.

VII.

Schreiend stand Helene in der Flurmitte des Seniorenheimes. Um ihren Hals baumelte ihr dunkelblauer, wollener Gebetsschal, obgleich die Raumluft bei den hohen Sommertemperaturen stickend heiss war. „Was ist das hier bloss? Etwa ein Mausoleum?“, rief sie mit schriller Kehle, während ihr zarter, zerbrechlicher Körper in ihrem blutorangefarbenen, dickflaumigem Jacket vor Angst zitterte. „Es ist schrecklich!“, fuhr sie lautstark fort, „ich fühle mich von allen verlassen!“ Dazu stampfte sie mit ihren klobigen Gummigaloschen, in denen ihre Füsse scheinbar etwas Halt fanden, ungeschickt und plump auf den Boden. Der Rollator von Lieschen war umgestürzt und lag vor ihren Gummigaloschen, während sich die Räder des Gehwagens heftig drehten. Die alte, quirlige Frau war mit ihrem ganzen Körpergewicht rückwärts gegen die Flurwand gefallen und an ihr abgerutscht. Ein Arm war, während sie stürzte, auf den harten Rand eines metallenen Abfallkorbes gestossen. Auf dem Rücken liegend redete Lieschen wirr, stöhnte laut und ängstlich. Aus der tiefen Schnittwunde am Arm tropfte das Blut, während sie mit ihren Beinen hilflos strampelte - wie ein wehrloser, tapsiger Käfer. „Ich habe versäumt, die Bremsen ihres Rollators festzustellen, bevor ich die Balkontür öffnete. Ich wollte mit ihr nach draussen in die Sonne zu gehen“, erklärte Sophie schuldbewusst, sich angesichts der desolaten Lage bedrückt und verantwortlich fühlend. „Das kann jederzeit und jedem passieren“, beruhigte Maria, eine hübsche Pflegerin, während sie die Wunde mit sterilen Tüchern verband und den Blutfluss stillte. „Niemand wird dir einen Vorwurf machen“, sagte sie mit ihrem rauh klingenden, jede einzelne Silbe betonenden russischem Akzent, „die Alten sollen sich bewegen. Und Du arbeitest schliesslich nur für einen Apfel und ein Ei.“ „Wir lassen uns nicht bremsen“, rief Helene, während sie das eine Ende der Stola mit einer heftigen Armbewegung über ihre Schulter warf.

Ein herbeigerufener Rettungsdienst brachte Lieschen in das Krankenhaus, wo ihre Wunde genäht wurde. Erschöpft setzten sich Helene und ihre Betreuerin zusammen auf ein weiches, gemütliches Sofa. „Wir können uns die Bilder vom diesjährigen Sommerfest anschauen", sagte Sophie erleichtert und nahm ein schmalbändiges Fotoalbum von der gepolsterten, dicken Sofalehne, das dort für alle Bewohner auslag. „Die mit den schicken und teuren Klamotten - das ist meine Tochter!", rief die Alte vor Begeisterung, verschämt ihre wenigen Zähne hinter den Lippen verbergend. „Die ist Innenarchitektin und hat einen supergrossen, tollen Wagen", erzählte sie verzückt, „meine Enkelin hatte sie zu unserem Rosenfest leider nicht mitgebracht." „Ach - ist das die Dame, die in Schweden lebt?", erwiderte ihre Betreuerin, die tunlichst vermied zu erwähnen, dass es keine Enkelin gab und Helene das Kind fortwährend erfand. Mit ihrem runzeligen Wangen, den rund geschnittenen, kurzen Haaren und ihren lebensweisen, grauen Augen sah die Alte pfiffig aus - richtig zum Anbeissen, fand Sophie. „Mein Ehemann war leider eine Niete, hat nur zuhause gehockt und die Abende damit verbracht, sich neue Lottozahlen auszudenken", fuhr sie in Gedanken versonnen fort, „er hat aber niemals viel gewonnen". Die Betreuerin stutzte, als sie im Album plötzlich ein Foto entdeckte, welches einen kleinen, dicken und hässlichen Mann zeigte, der vor dem Rosenbeet im Seniorenheim Akkordeon spielte. Es handelte sich tatsächlich um Nussbaum - Marlenes Totengräber. Den Mann, der Sophie eingeschüchtert und bedroht hatte. Wütend starrte sie auf seine kalten, verschlagenen Augen und ein Gesicht, welches sich sogar auf einem unschuldigen Foto dem Betrachter hündisch zu unterwerfen schien. „Der und harmlos?", entfuhr ihr in heftiger Erregung, „denkste!" Wie kann so ein fieser, abartiger Mensch auf einem Fest, das die Rose als Schirmherrin auserkoren hat, nur lustige Musik machen und in einer Rentnerband auftreten, fragte sie sich zornig. Würde sie ihn zur Rede stellen, befürchtete sie, könnte er ausrasten. Oder sie. In diesem Moment bebte nicht Helenes Körper, sondern der ihre innerlich vor Wut.

Der Kerl wird mich immer noch hassen, dachte sie, während sie an diesem schwülen Sommertag in die Dusche trat. Entspannt cremte die Frau ihre immer noch ansehnliche Haut mit nach Honig wohlriechender Seife ein und spürte genussvoll den auf ihren Körper prasselnden Wasserstrahlen nach. „Wo hast du nur die blaue Socke gelassen?“, schimpfte sie ihren Kater, der in Spiellaune die Erde der Zimmerpalme aus dem Topf gewühlt und auf der Badematte verstreut hatte. Mit nasser Haut schlüpfte sie in ihren weinroten Bademantel, den ihr einst Martin zu Weihnachten geschenkt hatte. Der Frotteestoff war nach den vielen Jahren, in denen er benutzt wurde, völlig abgewetzt. Jedoch vermochte sie das vertraute Kleidungsstück bis jetzt nicht wegwerfen. Barfüssig lief sie übermütig die im Sommer erfrischend kühle Marmortreppe hinab, öffnete die Tür zur geliebten Sonnenterasse und liess dem aufgedrehten Tier, das ihr vorweg die Treppenstufen hinunter gerannt war, seinen freien Lauf, um den Garten zu erobern. Besorgt blickte sie auf den Zustand ihrer Rosenstöcke, die nach einem für die Jahreszeit untypischen, starkem Platzregen viele Blätter verloren hatten. Nur vereinzelt zeigten sich noch die dunkelroten, samtgleichen Blüten. Zu jedem Schützenfest der Gemeinde hatte sich einst Michael diese zarte, süss riechende Blume an das Kuvert seines eleganten, schwarzen Fracks geheftet. Vor diesen Rosenstöcken hatte sich Sophie nach glänzend bestandener Abiturprüfung von ihrer Mutter verabschiedet, um alleine durch die Vereinigten Staaten zu reisen. Welch’ ungeheure Lebensenergie habe sie damals angetrieben, stellte sie traurig fest, heute dagegen dürfe sie, obgleich mehr als gut ausgebildet, für einen Euro arbeiten und könne sich für das nächste Wochenende mickrige Kartoffelpuffer leisten.

Ihr Berufswunsch, Journalistin zu werden, stand damals fest. In New York gelang es ihr, einen Autor, der eine Biografie über Bob Dylan veröffentlicht hatte und den Sänger persönlich kannte, übungsweise zu ihrem ersten Interview zu bewegen. Da sie sich in der Aufregung kaum Fragen notiert hatte, verlief das Debüt freundlich, aber leicht chaotisch. Sichtlich schlichtweg Stroh im Kopf gehabt hatte sie als sie mit Sonnenhut, nackten und wohlgebräunten, aber unrasierten Beinen in der Kanzlei eines Bekannten in Washington D.C. auftauchte. Phil - ein angehender Referendar, der als Schüler die Webermanns in Deutschland besucht hatte, war sichtlich froh, die sich für die Geschichte der amerikanischen Indianer interessierende Deutsche wieder loszuwerden. Wie von allen Zwängen befreit stand sie dann in Minneapolis vor der Haustür von Sam. „Im Grunde habe ich mich selbst eingeladen", begrüsste Sophie den feingliedrigen, smarten Brillenträger. Der jüdische Sam, der in Minnesota Folk- und Jazzkonzerte managte, hatte einen Steckbrief der jungen, neugierigen Frau mit ihren Reiseplänen am Schwarzen Brett der Universität entdeckt und ihr daraufhin seine Adresse zukommen lassen. Da er sich gleichzeitig um seine angereiste, nichtjüdische Schwiegermutter - eine schwergewichtige, jedoch sehr umgängliche Frau aus Texas - kümmern musste, lud er - von so viel Weiblichkeit überfordert - seinen Besuch aus West-Germany kurzerhand bei einer Freundin ab. „I'm sorry, but I really like Your sensibility", lud er die keineswegs säuerliche Sophie auf eines seiner Konzerte ein. Die saugte - sich ungebunden und unbeschwert fühlend - die Ereignisse ein wie Muttermilch. Sie freundete sich mit Nelly an. Einer hübschen Frau mit Pagenschnitt, die Frauen liebte und für einen privaten Fernsehsender die Nachrichten sprach. Landete in ihrem Haus auf einer feudalen Prinzessinnenmatraze mit verschnörkeltem Eisengestell. „In diesem Bett hat", erklärte sie stolz, die Sophie nie zu nahe trat und mit Respekt behandelte, „die Sängerin Madonna geschlafen, bevor sie nach New York gegangen ist, um dort ihre Karriere zu machen." Nachdem sie Sams Freundin dabei geholfen hatte, ihr marodes Holzhaus mit neuer Beize aufzumöbeln, zog sie zu Gila, einer Iranerin, die sich nach dem Sturz des Schahs um das Wohl ihrer bis dahin privilegierten Familie sorgte. Auf Gilas Kommode stand ein Glastopf, randvoll gefüllt mit Kopfschmerztabletten, von denen sich die nervöse Frau in jenen bewegten Tagen zu ernähren schien.

Die junge Sophie reiste an die kanadische Grenze, um einen kurzen Blick auf den Geburtsort des von ihr verehrten Sängers zu ergattern, doch ausser staubiger und schmutziger Atemluft aus dem Kohlebergbau und einer langweiligen High School, die er besucht haben soll, war hier nichts Nennenswertes über den Mann in Erfahrung zu bringen. „Dylan is only a good composer", griente Sam beim Abschied, „you are foolish. This man is just giving his first concert in West Germany!" Manche Wege würden sich eben über den Wolken kreuzen, meinte die Frau ihren munteren Kater beobachtend, der von seinem Spaziergang zurückgekehrt sich über seine Artgenossen aus Wolle - Stofftiere, die sie auf dem Korbstuhl im Flur gestapelt hatte, hermachte. Auf ihrer Reise streifte sie Colorado und landete in einer Familie mit holländischen Wurzeln. Die älteste Tochter, welche für die Denver Post schrieb, lobte Sophies phantasievolle Zeichnungen von vergangenen, indianischen Grössen mit den Worten „Happily not a fan of JR!" Der Gast machte sich nützlich, indem er das jüngste, in seiner Entwicklung zurückgebliebene Mädchen - das Sorgenkind der Familie - betreute. Oder war das Paul gewesen? Mit ihm kurvte sie in den Rocky Mountains herum, um verlassene Goldgräberstädte zu erkunden. Der ihr sympathische Vietnam-Veteran schien keine wirkliche Nähe zulassen zu wollen und damit seine Familie auseinanderzureissen. Er schien sich zu freuen, als sie ihm, um sein Schweigen für einen Augenblick zu durchbrechen, einen mitgebrachten Apfel schenkte. Sie verliebte sich in die öde und weite Salzlandschaft Utahs und erreichte mit nur zwei Dollar im Gepäck San Franzisko, wo ihr Rückflug auf sie wartete. Als gäbe es leibhaftige Schutzengel, traf sie auf Ann. „This will be my last chickenburger I'll be able to pay", berichtete sie der freundlichen Holländerin, die in einem hübschen Wollkleid in einer Parkanlage Querflöte spielte. Zwei Stunden später fand sie sich in einem esoterischen Seminar über den Einfluss der Gestirne und die besondere Stellung des Mondes wieder. Diese neuen Erkenntnisse nahm Sophie gerne in Kauf, denn unter ausserordentlich irdischem Gesang wurde sie nun von Anns Freunden pünktlich zum startenden Flugzeug chauffiert. Im Frankfurter Flughafen stand die besorgte Mutter, um sie abzuholen. Das hatte sie Marlene nie richtig gedankt, fühlte sie in diesem Augenblick nicht ohne einen leichten Anflug des Selbstvorwurfes.

Die Frau packte die blütenweisse Stoffmaus, das zerzauste Lämmchen mit dem gepunkteten Halstuch und den Minibär mit der roten Schleife, die Karlchen achtlos auf dem Teppich liegengelassen hatte, und legte das Spielzeug zurück in den Korbstuhl. „Eine prima Familienaufstellung gäbe das! Wer wäre da nur wer?", überlegte sie. Durch die Anwesenheit eines Haustieres konnte die gereifte Frau nun den weichen Schmusetieren, mit welchen sich eigentlich Kleinkinder vergnügten, irritierten oder schlichtweg belustigten Besuchern eine einigermassen überzeugende, nachvollziehbare Daseinsberechtigung geben. Den türkisfarbenen Dinosaurier würde sie vielleicht dem Halbbruder, den langohrigen Hasen mit Latzhose ihrem Schwager, das Lämmchen Marlene, Thea die süsse Maus, der geliebten Grossmutter Luise den königsblauen, kleinen Elefanten zuordnen. Das grässliche, rosafarbene Schwein dem Naziopa, die zerrupfte und lilafarbene Kuh mit Brautschleier der tragisch geendeten Frieda, dem Vater das knuddelige, beschleifte Bärchen und den abgegrabschten, grauen Hund aus Kindertagen wahrscheinlich Hein - Luises Ehemann. Sich selbst das goldgelbe, übergrosse und leicht beschädigte Küken. Schon manches Mal hatte sie Karlchen auf den Stofftieren liegend schlafenderweise wiedergefunden. Als vermisse er einen lebendigen Spielkameraden. Dieses flauschige Küken aber befand sie an diesem Sommertag als liebenswert und zerbrechlich - gleichsam mit einer unguten Portion Gutgläubigkeit versehen.

Ahnungslos kam sie damals - braungebrannt, zum Anbeissen wie ein knuspriges Hähnchen, nachdem sie vorab über die maltesische Schriftstellerszene recherchiert und mit einem Autor, der über zerbrochene Ehen in seinem katholischen Land schrieb, gesprochen hatte, mit dem Bus zurück in die abgelegene Bucht der winzigen Insel Gozo. „Die maltesischen Männer haben den Daumen auf ihren Frauen", verriet der schreibende Literaturprofessor der deutschen Journalistin, als bedeute dies eine böse Vorahnung für die Frau, „es sind schliesslich vom Festland eingewanderte, temperamentvolle Araber oder Sizilianer." Die verträumten, romantischen Zeilen eines schreibenden Priesters im Sinn, dessen Lyrik auf Malta als nationales, beschützenswertes Kulturgut verstanden wird, erwartete Sophie im gemeinsam mit Martin gemieteten Apartement die unerträglich triefige, intensive Geruch von körperlichen Alkoholausdünstungen. Eine Droge, welche der Freund nicht alleine konsumiert hatte, denn Martin war in den vergangenen Nächten nicht alleine geblieben. Sie staunte nicht schlecht, als der in Berlin angekommen sogleich erneut seine Reisetasche packte. Um - wie er ihr umständlich ausbreitete - zu seiner neuen, ostdeutschen Liebe zu ziehen. Als die totunglückliche, völlig überrumpelte Frau seine Redaktion aufsuchte, um nach ihm zu sehen, starrte er sie mit vor Hass mit Blut angelaufenem, tiefschwarzen Augapfelweiss an. Für ihre echte Zuneigung zu Martin habe sie nach fast dreizehn Jahren nicht mehr als einen Hinterntritt erhalten, resümierte die enttäuschte Frau. Zunächst folgte eine Kette an billiger, übler Verletzungen: Die Wut über den entwendeten Berberteppich, als sie während eines Praktikums im Rundfunk müde nach Hause kam. Der teure Urlaub mit der neuen Freundin in Südafrika. Da Martin die Türen zu seinen beiden Zimmern mit Schlössern und Schrauben verriegelt hatte, blieb der Verlassenen jetzt nur noch der Blick in den tristen, betonierten Berliner Hinterhof. „Du machst mich ein wie eine Gurke“, schrie sie ihn an. „Um uns durchzubringen, würde ich alle Berliner Strassen fegen, hatte der Geliebte einst getönt!“ Nun stellte er ihr eine unbekannte Frau als zukünftige Untermieterin vor, worauf schwere Einmachgläser zu Boden und in Scherben gingen. „Wie kannst du nur?“, erklärte er ungerührt, „diese arme Frau hat einen lebenslangen Schock erlitten.“ „Du bist ein feiger Schweinepriester“, erwiderte sie, als er seine gestorbene Prinzessin wegen des erlttenen Nasenbeinbruchs wenigstens in ein berlinerisches Krankenhaus begleitete. Danach zeigte sich Martin nur selten, und wenn - dann nie länger als fünfzehn Minuten. Dazu habe ihm ein Trennungspsychologe geraten, berichtete ihr blonder Engel. Erst jetzt verstand sie, dass er die Charakterschwäche seines Vaters, welcher durch die SS-Jugend gegangen war, teilte. Eine wirkliche Aussprache mit ihr hatte Martin nie gesucht. Denn die hätte von ihm etwas erfordert, was er nicht besass: Mut.

Dies alles war auch passiert, nahm Sophie an, weil sie den Vater zu sehr geliebt habe. Ermüdet von der Sommerhitze liess sie sich in ihren samtblauen Fernsehsessel fallen. Das war ein klobiges, aber gemütliches Andenken von den Eltern aus den fünfziger Jahren, welches sie mit feinem und edlem Stoff hatte aufmöbeln und beziehen lassen. „Sei froh, dass du den Schuft los bist!“, hatte Marlene ihr beigepflichtet. Um sich abzulenken, schaute sie interessiert durch das Wohnzimmerfenster auf den Uferweg, wo an diesem Tag ein nicht endenwollender Menschenstrom promenierte. Im Ort war ein Hafenfest geplant - mit viel Musik, einem Ausflugsdampfer und Feuerwerk. „Da sind ja nur ältere Menschen unterwegs“, bemerkte Sophie zu Karlchen, der ihr auf den Schoss gesprungen war und an der Nase seiner Besitzerin schnupperte, „bald ist unser Flussufer eine Erholungsmeile für senile Kassenpatienten.“ Sie beschloss, sich das Fest entgehen zu lassen, da im Radio ein schweres Gewitter mit für diese Jahreszeit ungewöhnlichen Sturmböen vorausgesagt wurde. „Lass' uns die leckeren Puffer braten", sagte sie gelassen zu Karlchen, „im Augenblick wird eine ganze Generation in die Pfanne gehauen, weil sie jetzt mehr oder weniger arbeitslos und im Rentenalter arm sein wird. Das Arbeitsamt poliert seine Statistik durch Billigjobs." Sie erinnerte sich, wie sie nach der Trennung von Martin auf allen Vieren vor Magenschmerzen in die Küche gekrochen war, um sich Tee zu machen. Das Geld hatte nur noch für eine Tafel Schokolade gereicht, die sich im Darm zu einem harten, unverdaulichen Klumpen verformt hatte. „Ist es schlimm?", fragte sie ihr jüdischer Redakteur mitfühlend am Telefon. Der und eine ihr unbekannte Frau, welche Sophie spontan nach einem Saunabesuch zum Weihnachtsfest eingeladen hatte, waren die einzigen Menschen gewesen, die in der Trennungszeit so etwas wie ein christliches Mitgefühl offenbart hatten. Vielleicht habe ich mir immer einen jüdischen Vater gewünscht, rekelte sich die Frau im Sessel, die dunklen Hüte, welche Michael so gerne trug, hätten ihm hervorragend gestanden. Auch seine weiche, uneigennützige und bescheidene Art habe so gar nichts Deutsches an sich gehabt. Beinahe hatte sie den jüdischen, fiktiven Vater in einem taktvoll auftretenden, weisshaarigem Herrn in einem Flugzeug sitzend gefunden. Wolf, dessen Vater Jude gewesen war, beabsichtigte im fortgeschrittenen Alter in Israel zu konvertieren. Ohne irgendwelche Ansprüche zu stellen, den anderen für sich zu benutzen, faulenzten beide zwei Wochen lang am Strand, atmeten sich und die gemeinsame, verfügbare Zeit. Seinem ernstgemeinten Vorschlag, mit ihm in seiner Jerusalemer Wohnung zu leben, war Sophie nicht nachgekommen. Warum nur?

VIII.

Ein blondlockiger, muskulöser, junger Mann klingelte an diesem Septembertag an Sophies Haustür. Sein sonnengebräuntes, geradliniges Gesicht schaute die überraschte Frau mit neugierigen, wohlgesonnenen Augen an. „Wie geht es dir, Sophie?“ „Daniel! Willkommen in meinem gläsernen Schmuckkästchen!“, sagte sie freudig. Das Wort Neffe wollte sie nicht mehr in den Mund nehmen, nachdem Marlene einst den verrückten Nussbaum als Pseudoverwandten vertrauensselig in die Firma eingeführt hatte. „Lass’ uns gemeinsam auf die Terrasse gehen und dort den selbstgebackenen Pfirsichkuchen anschneiden“, lud sie ihn ein. „Ich soll dir von Thea alle guten Wünsche zu deinem Geburtstag ausrichten. Wir wollen dir gerne dabei helfen, die vertrockneten Birken vor dem Haus zu fällen“, sagte er verlegen, während er seiner Patentante artig auf dem Weg durch das Wohnzimmer hinaus auf die Sonnenterrase folgte. Sichtlich erleichtert liess er sich erleichtert auf das hölzerne Möbel fallen, zog verschämt eine bunte Verpackung aus seiner hellroten, sportlichen Jacke, die er ihr höflich überreichte und etwas ängstlich ihre Reaktion abwartete. „Wild flower“ las die auf dem Etikett. Schnupperte erwartungsvoll an dem süsslich-grasig duftendem Parfume. „Das ist sehr lieb von dir und genau das richtige Geschenk!“, äusserte sie in aufrichtiger Freude zu dem sehnigen, attraktiven Mann. Der stürzte sich nun verdientermassen mit Heisshunger auf das erste Stück Kuchen. „Du siehst gut aus, Daniel! Warst du etwa in Urlaub!“, fragte sie ihn vorsichtig, denn seit der Beerdigung von Marlene hatte sie ihn selten gesehen. „In den letzten Wochen war ich in Italien am Gardasee. Auf einem Surfkursus“, erklärte der junge Mann nun fast überschwenglich und stolz fügte er hinzu: „Ich werde ja nun Lehrer für die Fächer Sport und Elektrotechnik und voraussichtlich im nächsten Jahr mein Referendariat beginnen.“ Sophies Blick wanderte zu einem Foto, welches sie über dem Kaminofen eingerahmt aufgehängt hatte und durch das Glasfenster von der Terrasse aus gut zu sehen war. Es zeigte Sophies Eltern - gut gelaunt und entspannt in einem Gartencafe flanierend. Den attraktiven Michael in kurzer Hose und mit starken, kräftigen Fussballerbeinen, die elegante Marlene in einem engen, körperbetontem, weissen Modekleid. Aufgenommen in den satten, fünfziger Jahren in einem Urlaub am Gardasee. „Schön", murmelte sie. Daniels offensichtliches Selbstbewusstsein freute und tat ihr zugleich weh. „Ihr habt recht. Ich kann Hilfe beim Sägen der Bäume gut gebrauchen. Alleine mit meiner kleinen Kettensäge kann ich die wuchtigen Stämme nicht zu Fall bringen. Es ist schon der zweite Sommer, der ungewöhnlich stürmisch und viel zu trocken verlaufen ist. Infolgedessen haben fast alle Birken, die deine Grossmutter einst gepflanzt hat, ihre Blätter verloren." „Das ist richtig", stimmte ihr Daniel zu, während er seine Tante mit seinen stechenden, hellblauen Augen neugierig betrachtete, „auch Vaters Getreideähren sind in diesem Jahr mickerig geraten. „Im Keller wartet übrigens eine Überraschung auf dich", drängte Sophie mit einer ihr ungewohnten Schärfe.

Während sie gemeinsam die Marmortreppe zu den Kellerräumen hinabstiegen, fielen ihr die endlosen Stunden ein, welche die Mutter dort hüpfend, seilspringend und tanzend verbracht hatte, um die Übungen für die Kindergymnastik vorzubereiten. Das war meistens am Sonntagvormittag geschehen, um den schwer herzkranken Michael, der seine Ruhe haben wollte, nicht zu stören. „Wo ist nur der Lichtschalter?", fragte der Neffe nervös. Unzählige, winzige Glühbirnen in einem grün-rot-blau-gelbfarbenen Lichtpanorama erhellten nun den ehemaligen Party- und Tanzraum der Webermanns. „Die Lampions hat übrigens dein Grossvater installiert", erklärte Daniels Patentante. „Wirlich eine elektronische Meisterleistung!", lachte Daniel über das Kabelwirrwarr. In der der Mitte des Raumes lag am Boden ein unförmiges Plastikungetüm von drei Meter

Länge. „Du kannst mein altes Surfbrett haben, wenn du es möchtest“, schlug sie dem erstaunten Mann vor, „es ist zwar dreissig Jahre alt. Schwerer und länger als die neuen Modelle, aber fast unbenutzt.“ „Toll“, antwortete Daniel, der begeistert damit begonnen hatte, das noch wellentüchtige Gerät auf seine Vollständigkeit hin zu untersuchen. „Ist ja alles noch da: Das Segel, das Steuerbrett, die Haltestange und die Seile zum Verknoten“, säuselte er verwundert, „danke, liebe Sophie. Klar, das Ding nehme ich. Aber du hast doch so wenig Geld und bist ganz unten.“ „Aber nicht im Keller, mein Lieber“, antwortete sie gelassen, froh darüber, dass die Überraschung gelungen war. „Ich bin auch geldklam keine arme Kellermaus! Das Brett haben mir deine Grosseltern geschenkt. Sag' mal, was machen dein Zwillingsbruder und deine ältere Schwester?“ „Christian studiert das internationale Transportwesen in Hongkong. Hanna arbeitet jetzt in Nürnberg im Management einer globalen Turnschuhfirma“, antwortete Daniel mit einem schiefen Grinsen. „Tolle Familie!“, sagte die Tante, „da habe ich ja Glück, dass ich ein normales Patenkind habe, das nur ein profaner Lehrer sein will.“

Karlchen war verschwunden. Sophie hatte an diesem Tag im Spätherbst die letzten Holzscheide an einer Hauswand für die kommende Heizperiode gestapelt. Auf dem Baum, an dem in grosser Höhe Winteräpfel ungeerntet blieben, hatte sie ihren feinen Freund das letzte Mal gesehen. Traurig lief sie durch den Garten. Wühlte das gelbrote Herbstlaub auf und rief vergeblich seinen Namen. Aber er sollte an diesem Abend nicht wiederkehren. Und auch später nicht mehr. Betrübt suchte sie in der benachbarten Autowerkstatt, in der früher die teuren Reisebusse von Marlene gestanden hatten. Suchte am Weserufer nach dem Tier. „Seit einigen Wochen wildert hier ein hungriger, grauer Kater herum, der sich bei allen durchfrisst“, erklärte ihr ein Nachbar, so der graubärtige Lehrer aus dem hübschen Holzhaus, der sich im Ort für grüne Kommunalpolitik einsetzte. „Mit dem verlotterten Kerl hatte Karlchen heftigen Revierstreit“, erklärte sie nach der vergeblichen Suche entmutigt, „kastriert und zart gebaut zieht er den Kürzeren.“ Sie dachte an die ängstlichen, verstörten Augen des Katers, als sie ihn für die Kastration einige Stunden in der tierärztlichen Praxis zurückliess, um zur Arbeit in das Seniorenheim zu fahren. „Müssen sie das Tier unbedingt in diese dunkle Kiste sperren?“, fragte sie böse die Mitarbeiterin der Praxis. In grosser Sorge um den entlaufenen Kater verteilte sie Steckbriefe mit einem Bild und einer Beschreibung der Tigerkatze. Heftete das Papier an Baumrinden, befestigte es an Mauern und warf es in unzählige Briefkästen. Es hagelte Anrufe, in denen von schreienden, herrenlos streunenden, lungernden Katzen die Rede war, die an irgendwelchen Strassenecken, in Parkanlagen oder Büschen gesichtet worden waren. Doch keine Schilderung passte auf den gewitzten Haustiger mit den lustigen Pelzkringeln. Nach zwei Wochen erreichte sie der glaubwürdige Hinweis einer Frau, der Sophie von allem Zweifel erlöste: Karlchen war schnurstracks zu einem nahe gelegenen Strassencafe gelaufen, wo ein Pärchen in der lauen Oktobersonne eine Pause einlegt hatte. „Sie haben sich mit dem regen Tier ausgiebig beschäftigt und den Schönen dann in ihrem Wagen mitgenommen. Ich wusste ja nicht, dass die Tigerkatze Ihnen gehörte“, entschuldigte sich die Anruferin. Es handelte sich die Inhaberin des Strassencafes und die Ehefrau des Anwaltes, mit dem Thea die Erbschaft so clever eingefädelt hatte. Warum nur habe Michael nicht rechtzeitig seine handschriftliche Unterschrift unter sein Testament gesetzt. Dann würde seine jüngste Tochter heute nicht so miserabel dastehen. Und warum nur habe Marlene nicht rechtzeitig ein neues, gültiges Testament aufgesetzt? Diese Fragen überfielen und quälten Sophie, als sie den Namen des Anwaltes hörte, verbunden mit einer ohnmächtigen Wut, die sich immer noch wie ein Maulkorb anfühlte und ihr wieder die eigene Sprache nahm. Der Verlust der Katze - einem letzten Garant an Vertrauen - versetzte sie neue Panik. Vielleicht wäre es besser gewesen, wenn sie Nussbaum weiter gereizt und der wirklich um sich geschossen hätte. Dann wäre sie jetzt vielleicht tot. Aber es gäbe endlich Klarheit, dachte sie zornig. In diesem Cafe, fiel ihr plötzlich mit Schrecken ein, war einst die Praxis des Hausarztes eingerichtet gewesen, zu dem sie als Kind nach dem Fahrradunfall in Todesangst gelaufen war.

Hubertus hatte seiner ehemaligen Jugendfreundin einen Zettel mit seiner neuen Adresse in ihrem Briefkasten hinterlassen. Sie fand ihn in einer einfachen Zweizimmerwohnung, die mit dreissig ungeöffneten Umzugskartons vollgepfropft war, wieder. Im winzigen Flur waren Herd, Kühlschrank und Spüle untergebracht, so dass die Besucherin sogleich mit ihrem Fuss unbeabsichtigt auf Müllbeutel und Kehrblech trat. „Na, den Verstand hast du wenigstens bis jetzt nicht verloren“, bemerkte sie über das Umzugschaos spröde. „Du kommst im richtigen Augenblick“, erwiderte er mit leicht gebrochener Stimme, „meine Mutter ist heute verstorben.“ „Da hat dein Bruder, der Anwalt, sein Ziel erreicht und kann euer süsses Haus endlich verkaufen“, erwiderte Sophie geknickt, „wenigstens wirst du dann auch etwas vom Kuchen abgekommen. Dein Balkon gefällt mir übrigens. Das ist ein idealer Ort, um die eigenen Worte und Gedanken zu ordnen - um zu schreiben.“ Sie schlüpfte durch die angelehnte, offene Balkontür. „Dies ist schon ein Platz, um sich geborgen zu fühlen“, rief sie Hubertus zu, der einen Cappuccino zubereitete und das Gebräu in ansehnliche, grazil geformte Tassen füllte. „Die sind aus dem edlen Berlin-Zehlendorf, wo ich es auch als Arzt versucht habe“, sagte er. Unter dem Balkon schlängelte sich ein schmaler Bach durch die Wiesen. Nicht weit davon lag das Seniorenheim, in dem Sophie gearbeitet hatte und nicht in eine Festanstellung übernommen worden war. Eine ostdeutsche Frau hatte die Stelle für die Beschäftigungstherapie bereits inne und jedes Gespräch mit ihr, einer möglichen Konkurrentin, gemieden. Es hiess, sie habe ihren ersten Beruf als Geschichtslehrerin wegen einer politischen Vorbelastung aufgegeben und sei in den Westen gezogen. „Die interessiert sich hauptsächlich dafür, dass sie ihren nagelneuen Kleinwagen bezahlen kann“, hatte ihr eine Seniorin beim Salatschnippeln zugeraunt. „Stimmt. Dies ist ein schönes Plätzchen. Es war übrigens dumm von mir, dass ich dich damals auf unserer Frankreichfahrt nicht weiter beachtet habe“, sagte Hubertus, der zu ihr auf den Balkon getreten war und dessen finstere Miene sich sichtlich aufgehellt hatte. „Ach, das ist doch so lange her. Eine dumme Ente war das Mädchen, mit der du auf der Jugendfahrt angebändelt hattest. Willst du nicht wenigstens ein paar deiner Kisten auspacken, um dich einzurichten?“, fragte sie ihn aufmunternd. „Ja, demnächst. Was meinen beruflichen Werdegang betrifft, habe ich dir nicht die ganze Wahrheit gesagt“, gestand er leise, „aus eben dieser Praxis bin ich herausgeflogen, weil ich bei einer Patientin eine Pospritze falsch angesetzt habe.“ „Das war ein Fehler zu viel“, antwortete sie, „auch ich hatte einmal grossen Ärger mit den Radiokollegen, weil ich meine Akkreditierung als freie Journalistin für die Berichterstattung über die Berliner Filmfestspiele selbst beantragt hatte. Ich hatte keine Lust - insbesondere nach der bitterbösen Trennung von Martin, mich wie ein Erstsemesterstudent in die lange Schlange an den Kassen einzureihen. Dabei hätte ich die Kollegen nur fragen müssen und habe darüber nachgedacht, ob ich dir zwei Zimmer in meinem Haus anbieten sollte. Aber ich bin mir angesichts meiner unklaren Situation unsicher, ob das mit uns beiden gutgehen würde.“

IX.

„Das könnte eine sternenklare, wunderbare Tätigkeit für Sie werden", frohlockte Sophies Arbeitsvermittlerin auf ihrem Anrufbeantworter und fügte zugleich mit forderndem, barschen Unterton hinzu: „Bitte kommen Sie morgen früh um acht Uhr in das Jobcenter!" Die Dame war ungefähr fünfzehn Jahre jünger als ihre Kundin, verfügte über ein an sich nettes, also nichtssagendes Wesen, ein hübsches Lächeln und langes, aschblondes, seidenes Haar, das in seiner Anmut nicht zu ihrem breiten und voluminösen Hinterteil passte. „Dieses Arbeitsangebot scheint mir aufgrund ihres ersten Berufes auf Sie wie zugeschnitten", warb sie mit einem leicht aufgesetzt wirkenden Mienenspiel um die Arbeitslose. Das Lächeln ihrer Lippen war plötzlich verloschen und wich einem fordernden, aggressivem Gesichtsausdruck. „Das ist erfreulich! Denn wenn ich noch länger hier verweile, bin ich tatsächlich bald ein armes Schneiderlein", versuchte Sophie die angespannte Situation aufzulockern. In einer Gemeinde des hiesigen Landkreises lag eine Sondermülldeponie, die vor Jahren in bundesweite Schlagzeilen geraten war und für zahlreiche Bürgerproteste gesorgt hatte, nachdem dort krebserregende Giftstoffe nachgewiesen worden waren. Diese auf der Deponie verbuddelten Dioxine waren aber aus Kostengründen nicht entsorgt, sondern nur mit einem dicken Erdmantel verschlossen und abgedichtet worden. „Der Bürgermeister dieser Gemeinde möchte eine Chronik über diese Deponie erstellen und gegebenenfalls veröffentlichen. Hierzu braucht er eine fähige Mitarbeiterin. Ich dachte dabei sofort an Sie", erörterte die Jobvermittlerin der beglückten Frau. Am nächsten Morgen fuhr die in ihr bestes, flanellgraues Jackett gehüllt, mit einem weissen Hemd und einer neuen, hellblauen Jeans geschmackvoll gekleidet, so empfand sie es jedenfalls, zu dem hageren, bereits kurz vor der Rente stehenden Amtsträger. Der ältere Herr erhob sich erleichtert, als er Sophies wohlgeformte

Erscheinung wahrnahm, von seinem Bürgermeistersessel und schritt ohne Umschweife und energisch auf die Frau zu, um sie mit einem freundlichen und festen Händedruck zu begrüssen. Sie selbst fühlte sich sofort sicher, denn anhand von Informationen aus dem Netz hatte sie sich schnell über das Thema kundig gemacht. Die sie sonst quälenden und schmerzenden Krämpfe in der rechten Gesichtshälfte lösten sich, als sie sein feingeschnittenes, munteres Antlitz mit den wachen, schelmisch blinzelnden Augen sah. Dieser Herr ist in Ordnung, stellte sie erleichtert fest. Denn nicht selten überkam sie in Gegenwart älterer Männer ein leichter Kriegsschauder, doch diese Begegnung verlief anders - ausgesprochen aus der Mode gekommen würdevoll.

„Wieso lässt dein Bruderherz abgesägte Baumstümpfe zurück, die einen Meter hoch sind und aussehen wie Phallussymbole? Ist Wilhelm sexuell verklemmt?", fragte Wanda interessiert ihre Freundin. In ihren Armen hielt sie fest an die Brust gepresst einen riesigen, verschlossenen Karton, in dem es unentwegt raschelte. Beide Frauen standen vor der Anhöhe ganz in der Nähe von Sophies Haustür und sahen auf den Findling, auf dem Karlchen im Sonnenlicht so freudig verweilt hatte. Wilhelm, Daniel und sein Vater hatten in einer Hauruckaktion vier der gewaltigen Birken gefällt. „Ich vermute, dass zwischen Wilhelm und seiner Ehefrau nur wenige Zärtlichkeiten ausgetauscht werden und kann ihm die Liebe, die ihm Michael verweigert hat, nicht geben. Das alles wird mir lästig!" „Ja, hoffentlich. Hat dir dein Schwager wieder an den Busen gegrabscht?", bohrte Wanda, „du lässt dir zu viel gefallen, meine Liebe!" „Du kennst doch die 68ziger Generation besser als ich. Bewundernswert tollkühn, aber eben auch dreist", versuchte die Freundin ihren Unmut zu verbergen. „Ich bin einfach zu lieb, Wanda!" „Richtig!" Und mit dieser Eigenschaft kommst du schnurstracks in den Himmel und ansonsten nirgendwo hin!", ergänzte Wanda das Missgeschick, „immer wieder lässt du dich wegen deiner

Gutgläubigkeit ausnutzen." Sophie erinnerte sich noch genau an den Überraschungsbesuch von Thomas in Berlin. Sturzbetrunken stand er, nachdem er an einem Kongress bundesweiter, glücklicher Schnapsbrenner teilgenommen hatte, vor Martins und ihrer Haustür. Nur mit Mühe konnten beide den volltrunkenen Mann in einen Bus verfrachten, der ihn geradewegs zu seinem Hotel kutschierte. Wie schwach und liebesbedürftig war ihr der Landwirt damals vorgekommen, dachte sie, nun spielt er den erhabenen Erben, der mit seiner ökologischen Holzheizung prahlt. Dabei hätte er es nie gewagt, die Grünen zu wählen. „Wenigstens haben mir Thomas und die Familienbande zu wunderbarem Birkenholz verholfen", erzählte sie ihrer fast siebzigjährigen, liebenswerten Freundin, die einen rauhen Charme ausstrahlte und leicht verschusselt wirkte, weil ihr unordentlich hochgesteckter, braunschwarzer Haarschopf, heftig hin- und her wedelte, während sie sprach. „Dein Martin hat sich dir gegenüber noch weitaus verantwortungsloser verhalten", schimpfte die in der kühlen, modrig riechenden Oktoberluft, „von wegen beruflicher Stress. Dieser Martin und deine clevere Schwester haben dir die Butter vom Brot genommen." „Vielleicht wäre ich besser im 19. Jahrhundert geboren worden und hätte fünf Kinder bekommen. Eine emanzipierte Frau in Modellausführung bin ich nicht geworden", antwortete die jüngere Freundin zaghaft. „Du meine Güte!", lachte Wanda lauthals, „willst du noch öfter belogen und betrogen werden?" Sophie mochte ihr jetzt nicht widersprechen, denn die quirlige Frau hatte erst vor wenigen Wochen ihren zweiten Ehemann, einen Redakteur der örtlichen Lokalzeitung, beerdigt. Ihre sonst apart anziehenden, kräftigen Wangenknochen, die slavische Einflüsse verrieten, wirkten eingefallen und erschöpft. Ihr Mann war elend an Schilddrüsenkrebs zugrundegegangen. Noch kurz vor seinem Tod hatte Sophie ihn das Flussufer entlangradelnd kaum wiedererkannt. Weil abgemagert, der flotte Bartschnauzer tiefergraut. „Immerhin haben dir deine beiden Ehemänner ein Eigenheim und dazu eine Rente hinterlassen," stellte sie nüchtern fest.

„Das ist nicht ganz falsch", entgegnete die schwesterliche Freundin, „von dir hat man zu viel erwartet, das Falsche gefordert und dir das Richtige verweigert. Und das, was du gut gemacht hast, nicht anerkannt. Einfach zum Kotzen ist das. Die hier wird dir hoffentlich treu bleiben", raunte Wanda mit ihrer tiefen, verrauchten Stimme. Unter dem Kartondeckel wühlte und maunte ein neues Katzentier. Getigert, wie Karlchen es gewesen war. Allein sein Bauchfell und drei Beine waren schneeweiss geraten. „Du weißt, wenn die dunkle Jahreszeit kommt, wird mein Heim zum Tierasyl. Die hier sucht noch jemanden, der sie lieb hat", sagte sie gelassen, „wenigstens bist du kein verrückter Messie, so wie ich es auf meine alten Tage geworden bin." „Mit dem einen getigertem Bein, sieht sie aus, als hätte sie vergessen, alle vier Socken anzuziehen", freute sich die Beschenkte, „ich werde sie Pauline - kurzum Lena - nennen."

Nur widerwillig folgte die Halbschwester der Geburtstagseinladung von Wilhelm, dessen einnehmende Bruderliebe sie zusehends zu fürchten begann. Ohnehin fühlte sie sich in der Gegenwart des frühberenteten Arbeitsberaters - eines sehr hilfsbereiten zugegeben - zusehends wie in den Zwängen des örtlichen Arbeitsamtes. Einer, was ihr Ausbildungsprofil betraf, erfolglos agierenden, bisweilen bevormundenden Strafanstalt - wie sie es inzwischen empfand. So hatte ihr das Jobcenter die niederschmetternde Nachricht zukommen lassen, das Projekt >Sondermülldeponie< sei kurzerhand gestoppt worden, da die bürgermeisterliche Haushaltskasse vorerst aufgrund sinkender Steuereinnahmen gesperrt und die Kommune pleite sei. Wofür werde sie als unbescholtene Arbeitssuchende eigentlich bestraft?, fragte sie sich enttäuscht. Als Pflegekraft nicht geeignet hatte sie den Eindruck gewonnen, sich für ihre kreativen Neigungen fast entschuldigen zu müssen. Ihre finanziellen Reserven fast verbraucht habend fühlte sie sich langsam, aber sicher totgespart. Trotzig packte die Frau einen Korb, gefüllt mit frisch geernteten Herbstäpfeln, in ihr altes Auto. Für den grossen, spät gefundenen Bruder hatte sie in diesem Jahr als Geschenk ein weinrotes Saunatuch ausgesucht. Das heisst, sie hatte es anhand von Sammelpunkten für ihn mühselig zusammengespart. Während sie ihr Krabbentier startete, war ihr zumute, als müsse sie in nächster Zukunft das zweite Mal ihr berufliches Handtuch werfen. „Wir erwarten von Ihnen, dass sich sie problemlos in unser Team einfügen und sich vor allem um den motorischen Zustand unserer Bewohner kümmern, hatte es im neuen Vorstellungsgespräch geheissen.“ Entschieden hatten sie sich für eine jüngeren Mann. Als gehe es darum einen Grand Prix zu gewinnen, trat Sophie wütend auf das Gaspedal. Fröhlich heulte der betagte Motor auf, während das Gefährt im fahlen Licht der Oktobersonne über die Landstrasse brauste. „Du wirst veräppelt. Ich fühle mich in dieser Reich- oder Arm- Gesellschaft wie ein Mülleimer, der jeden Mist zu schlucken hat“, sagte sie laut zu sich selbst neugierig die friedlichen, anscheinend zufriedenen Krähen auf den braunen, stoppeligen Ackerfeldern sichtend.

Ein reichlich bestücktes, ausser Haus bestelltes, üppiges Buffet hatte Wilhelm auffahren lassen: Käse- und Krustenschinken, Putenkeulen und Rinderfilet, Nudelsouflet und Kartoffelbällchen, Schmand-Mandarinen-Törtchen und Welfencreme. Der Halbschwester wurde angesichts der Köstlichkeiten fast übel, denn seitdem sie ihre Arbeit als Betreuerin im Seniorenheim beendet hatte, hielt sie sich am Monatsende mit Notrationen bei Kräften. In der weiblichen Runde - die Männer hielten sich an der Bar des Partyraumes auf - versorgte Wilhelms aufgeweckter Enkel die eingeladenen und betüddelten Damen, indem er emsig die Sektgläser der Frauen nachfüllte. „Das verschuldete Griechenland, ja alle Südländer sollten aus der Europäischen Union rausfliegen“, rief eine Frau beschwipst, „die machen doch unseren Wohlstand kaputt!“. „Genau! Wir müssen doch alle sparen!“, gluckste eine andere, „alle unverbrauchten Lebensmittel hebe ich jetzt bis zu ihrem Mindesthaltbarkeitsdatum auf und gebe sie dann an die gemeinnützige Suppentafel.“ Der weibliche

Gast mit der sicheren Rente blickte Sophie schräg von der Seite an. „Gehen Sie da auch hin?“, fragte sie in einer mitleidigen Tonart, während sie die mit Gold beringten Finger ihrer Hände besah. „Klar“, flunkerte die, „jede Woche bin ich die erste vor der Pforte! Tut mir übrigens leid, dass ich in meinem ausgeleierten, ollen Moheirpullover trage und unfrisiert erschienen bin. Wie dumm - meine Ringe habe ich auch vergessen! Die stören nur beim dreistündigen Rasenmähen oder Holzhacken.“ „Die Lebensmittel, die man da bekommt, sind ja nicht schlecht. Nur eben nicht mehr ganz vollwertig“, redete eine dritte, betrunkene Frau, „warum essen Sie denn nur trockenes Brot, meine Gute?“ „Man ist eben, was man isst“, konterte Sophie spitzzüngig, „vertrocknet, alt, schrumpelig und nicht ganz vollwertig!“

„Du warst ja regelrecht witzig“, lachte sie auf der Rückfahrt in den Autospiegel sich selbst an. Sie hatte das freche Mundwerk, deren sich vor Schadenfreude zu zwei Schlitzen verformenden Augen ihrer Freundin Wanda vor Augen. Der Name für ihren neuen Vierbeiner - Pauline - erinnerte sie an den Zwergpudel Paul. Er war Michaels Glücksmaskottchen gewesen. Wenige Tage vor seinem dritten und tödlichen Herzinfarkt verschwand sein geliebter Freund, obgleich Marlene oder vielleicht, weil sie ihn am Gartenzaun angebunden hatte. „Der Hund konnte wohl ihre Sportübungen nicht mehr aushalten“, trauerte der Vater um sein geliebtes Haustier, indem er sich, so wie es Paulchen gerne getan hatte, unter der Wolldecke auf dem Sofa verkroch. „Jetzt hat Michael rein gar nichts mehr, was ihm Freude macht“, kommentierte Thea den Vorfall. Seltsam, überlegte die Frau, während sie ihr klappriges und müdes Krabbentier durch die Nacht steuerte, Wilma hatte während der Feier unentwegt still und wortlos am Tischende dagesessen. Dabei plauderte die alte Dame so gerne. „Sie wird blind“, hatte Wilhelm ihr zugeraunt. Seltsamerweise musste Sophie an ein erblindetes Fensterglas ihrer Villa denken. Ob es ihr selbst endlich besser ergehen würde, fragte sie sich ernsthaft, wenn es Wilma - diese starke und stämmige Eiche - nicht mehr gäbe? Ob der Fluch dann endlich ein Ende fände? Ausgesprochen unwirsch hatte die sich von Sophie verabschiedet. Als sei die alte Frau von einem ungesagten, verborgenem Schmerz erfüllt, sobald sie Wilhelms Halbschwester erblickte. Bei Thea sei dies ganz anders, denn die werde von ihr mit offenen Armen begrüsst. Zuhause wartete ungeduldig Lena, die inzwischen Bekanntschaft mit einem dicken, feisten Kater aus der Nachbarschaft geschlossen hatte, der nervös um die Glasfenster ihrer Villa schlich. „Was willst du von dem hässlichen Rabauken? Du kannst viel hübschere Exemplare haben", sagte Sophie.

X.

In Gedanken versunken und entspannt hockte die Frau auf einem Uferstein an dem gemächlich in den Norden ziehenden Strom. Tagelang waren heftige Sturmböen über das Land hinweggefegt und hatten von den Bäumen unzählige Zweige abgerissen. An diesem Tag jedoch zeigte sich der Spätherbst wieder von seiner wärmenden und gelösten Seite. Noch immer hing Laub an den Verästelungen der mächtigen Eichen, die am Wegrand in der Nähe ihres Hauses standen. Die letzte Nacht hatte die Frau wach und unruhig verbracht. Gegen morgen war sie endlich in einen Tiefschlaf gesunken, aber kurz darauf von einem heftigen Albtraum erwacht. Geträumt hatte sie von der neuen Partnerin von Martin, obgleich sie nicht wusste, ob es diese Frau überhaupt gab. Mit einem Grinsen war diese ihr unbekannte Person Sophie, die an ihrer gläsernen Schreibtischplatte in ihrem Berliner Zimmer sitzend las, entgegengetreten. Woraufhin die entrüstet aufgesprungen war, der Frau mit der rechten Hand in das Gesicht gegriffen und die Gestalt ganzer Körperkraft durch die Zimmertür aus ihrem Blickfeld hinaus auf den Flur geschoben hatte. Dieser Gewaltakt habe ihr gutgetan, stellte sie jetzt fest, als habe sie sich hierdurch von einer riesigen Last befreit. Still beobachtete sie das ruhige, regelmässig dahingleitende Flusswasser, welches sie nun besänftigte. Sie dachte an all die vergebliche Liebesmüh' - daran, dass sie etwa mehrere Wochen damit verbracht hatte, die alte Zimmertür abzubeizen, nur um etwas mehr Glanz in ihre gemeinsame, schlichte Mietwohnung zu bringen. Das verschlissene Schloss der nun in einem edlen Mahagoniton strahlenden Tür wurde durch ein wertvolles, im Jugendstil verfertigtes Messingteil eingetauscht, welches ihr Martin geschenkt hatte, sie irrigerweise an eine metallene Vagina denken liess. Das hatte sie in Berlin zurückgelassen. Er war gegangen, weil er sich vor einer Familiengründung fürchtete und hatte darüber die Farce der Lebensabschnittspartnerschaft gegossen, dachte sie böse. Aber die Frau war auch froh darüber, dass sich diese Tür nun endlich geschlossen hatte. In ihren Träumen, zumeist kurz vor dem Einschlafen, suchte sie jemanden, der sie beschützte, aber nicht verschlang. „Du mit deinen dummen Liebeleien!“, hatte Wanda sie gescholten. So phantasierte sie von diesem älteren, hagerem und schlanken Herrn, der mit viel Witz und Charme seine politischen grünen Ziele verfolgte, sich furchtbar aufregen konnte und gleichzeitig klar und sachlich sprach, während ihm im provokanten Redeschwall blonde Haarsträhnen über die Stirn fielen. Als wäre sie noch eine unerfahrene und naive Teenagerin stellte sie sich den Umschwärmten in ihren Tagträumen als heissersehnte Begegnung vor, die im Flugzeug über dem südamerikanischen Regenwald abstürzt. Nur er und eine autistische Malerin sollten dieses Unglück überleben. In allen Einzelheiten malte Sophie sich dann die Dramatik aus, in der beide Personen zusammen - nebeneinander in ihre Sitze verkeilt - in einem Baumwipfel hoch über dem verwüsteten Unglücksort überleben, sich gemeinsam abseilen, aus Blättergirlanden eine Hängematte bauen. Besser schaue ihre Realität durch jene Träumereien nicht aus, meinte sie. „Du bist einfach ein leidenschaftlicher, sinnlicher Mensch“, tröstete sie ihre Freundin Wanda, „es handelt sich hierbei um eine positive, seelische Überlebensstrategie, die dich stärken kann. An dieser romantischen Duselei werde sie zugrundegehen, entgegnete Sophie geknickt. „Das sehe ich anders“, sagte Wanda, es gäbe - etwas, was schlimm sei - noch junge Menschen, die hätten keine Träume mehr. Sophie blickte auf das schweigende Flusswasser. In ihren Händen hielt sie mehrere Papierblätter, mit einer Klammer flüchtig zusammengeheftet. Es war die neue Liste des Jobcenters mit neuen Arbeitsangeboten. Sophie nannte sie inzwischen spöttisch ihre Überlebensliste.

Das Arbeitsamt war ausquartiert worden, so an den Ortsrand auf das Gelände der ehemaligen holländischen Kaserne. In einem schmalen Flachdachgebäude vermittelte ihre aschblonde, hübsche Arbeitsberaterin. Vor dem billigen Schuppen war werktags ein kleines Wohnmobil geöffnet, in dem selbstgewonnener Naturhonig zum Verkauf feilgeboten wurde. Als gehe es darum, die frustrierten Arbeitssuchenden auf diese Weise etwas zu verwöhnen und zu erheitern. Im angrenzenden, weiträumigen Clubhaus der Nationen waren die holländischen Soldaten längst ausgezogen und stattdessen ein Museum für Puppenspielzeug eingerichtet worden. Dort hatte der Vater einst mit seinen holländischen Freunden gefeiert. Als gerngesehener, spendabler Gast und geschätzte Honoration der Gemeinde. Was würde er zu seiner lebensmüden Tochter sagen, könnte er sie hier sehen? Sie wusste es nicht. Wieder ist kein vernünftiges Arbeitsangebot in der Liste zu finden, stellte sie ernüchtert am Flussufer sitzend fest, allein ein Gesuch als Betreuungsassistentin in einem Heim für geistig behinderte Männer käme in Frage, wenn es nicht achtzig Kilometer Wegstrecke entfernt liegen würde. Missmutig stapfte die Frau mit festen Schritten am Flussbett entlang. Dabei trotzig die abgemähte, weiche und unter ihren Schritten nachgebende Wiesenerde mit den Schuhen nachfühlend. Sollte sie nicht besser ihre alte Villa verkaufen? Für eine neue Heizungsanlage reichte das zurückgelegte Geldpolster nicht mehr. Ob Thea ihr notfalls aus dem Schlamassel helfen würde? Ihr fiel ein irrwitziger Plan ein, den die verzweifelte Marlene kurz vor ihrem Tod für eine Neustrukturierung ihrer verschuldeten Firma hatte erstellen lassen. Ihre ältere Schwester hatte die Idee dazu gehabt und einen Architekten, der in ihrem Wohnort eine alte Windmühle gekauft und modernisiert hatte, mit dem Entwurf beauftragt. >Busbahnhof-Europa< war in grossen Lettern auf der Papierrolle zu lesen, doch mehr als ein paar schlecht gezeichnete Bäume, Büsche und willkürlich angeordnete Stellplätze für Omnibusse waren in diesem Entwurf nicht zu entdecken. Wahnsinn, meinte Sophie, denn mehr als fünfhundert alte D-Mark hatte die Mutter für diese illustren Unsinn bezahlt. Euro-Schulung nannte sich schliesslich der

Computerlehrgang, den sie sich in der Kreisstadt angeschaut hatte, um in die neuesten technischen Entwicklungen einzusehen. Rund um den Bürokomplex parkte Auto an Auto. Blechbüchse an Blechbüchse. Es waren Hunderte. Um das Lebensglück des einzelnen Menschen ist es, so schien es ihr jedenfalls, trotz der phantastischen neuen Verständigungsmöglichkeiten am PC nicht unbedingt besser gestellt. Sie dachte, während sie trübselig durch die Wesermarsch zurück zu ihrem Haus - seine korngelben Steine glänzten friedlich in der Abendsonne - ging, an die Mühe, mit der sie sich einst für einen guten Abiabschluss abgequält hatte. An den Jubel und Trubel der Menschen während der Maueröffnung in Berlin, den sie gut verstand und der sie trotzdem skeptisch stimmte. „Was regen sie sich über eine Trennung auf? Im Osten ist ein ganzes Weltreich zusammengebrochen", kritisierte ihren Wehmut eine politisch unbelastete, ostdeutsche Redakteurin, die im Deutschlandradio ihre neue Vorgesetzte wurde. „Auch das Leben der Westdeutschen hat sich verändert", versuchte Sophie einzuwenden, „mein Kiez etwa hat all seinen gemütlichen Charme, der mit der Existenz der Mauer zusammenhing, verloren. Stattdessen ist er einer nervösen Unruhe, einer wahren Haudegenmentalität gewichen." Doch die ostdeutsche, kulturbeflissene Frau wollte sich damals zu Sophies Kapitalismuskritik nicht äussern. Der habe nämlich inzwischen neue Kinder geboren, aber nicht wenige von ihnen verschlungen, verschaffte sich die Arbeitssuchende in ihrem Unmut Luft. Unendlich hungrig war Hubertus bei ihr aufgetaucht und hatte Berge an Käse- und Wurstbroten aus ihrem Kühlschrank vertilgt. „Die Arbeitslosenunterstützung reicht nicht. Ich hatte hohe Fahrtkosten wegen einer kurzfristigen Hospitanz in der Psychiatrie, die ich erst im nächsten Monat erstattet bekomme", sagte er glücklich schmatzend, „ich bin noch älter als du. Vielleicht sollte ich es dir gleichtun, in betreuender Funktion Senioren spazierenfahren und somit wenigstens versuchen, die demographische Schieflage abmildern."

Sie war an ihrem Haus angelangt. Schweigsam, gleichsam fragend ruhte es im milden Licht. In der kommenden Vorweihnachtszeit, versprach sie sich selbst, werde sie keine Reserve von ihrem letzten angelegten Festgeld lockermachen und dem neu angesagten Kaufrausch, diesem kirren Massenorgasmus, erliegen. Als gehe es darum, sich selbst und den eigenen Wohlstand noch einmal zu feiern. Sie werde nur kleine Pappengel basteln. Mit bunten Federn als Flügel, mit Goldkügelchen im Wattehaar und grimmigem Gesicht. Und zum Jahreswechsel ein Bild malen. Lena zum Beispiel. Fröstelnd blickte Sophie im Vorübergehen auf den kleinen, grauen Mülleimer, den sie für Sonderabfall bereit gestellt hatte. Darin versteckt die Giftflasche E605, die Marlene gekauft, obgleich sich Frieda damit getötet hatte. „Die Flasche muss schnellstens entsorgt werden", sagte sie zu ihrer Katze, die sie mit einem zärtlichen, freundlichen Miauen im Flur und einem näckischen Biss in ihre Wade begrüsste. Sie spürte plötzlich zwei Schatten in ihrem Rücken. Ihr war, als würden Marlene und Frieda hinter ihr stehen und die sich gedemütigt fühlende Frau aus dem Leben, in ein dunkles Abseits schieben. „Weißt du was, Katze -", sagte sie zu ihrer „die zwei Frauen haben sich eine Pause redlich verdient! Wir werden die beiden Gespenster für die nächsten Monate in einen gemeinsamen Urlaub schicken." Sie griff zu einem kleinen Stofftier aus dem Korbstuhl - dem Lämmchen und warf es auf den Wohnzimmerboden. Lena rannte dem Knäuel hinterher und begann auf dem Rücken liegend mit dem wollenen Tier zu spielen, liess plötzlich von seiner Beute ab und verschwand hinter dem blauen Sofa, um mit einem blutigen, grauen Pelzstück im Maul wieder aufzutauchen. Bei dem bemitleidenswerten, zerfetztem Geschöpf handelte es sich um eine erlegte Ratte, das die Frau leicht schaudernd in das Efeu vor ihrer Haustür legte. Sie fühlte jetzt selbst wie ein Nagetier, welches die unwürdigsten Lebensnischen erobern musste, um zu überleben. Von weitem nahm sie auf ihrem Anrufbeantworter eine quengelnde, grellhohe Frauenstimme wahr: „Ruf' mich bitte an!

Frau Schebella." „Ach, schon wieder diese Kommunistin, die sich langweilt", sah sie belustigt auf die Katze, welche der verbliebenen Duftnote des toten Tieres im Zimmer folgte. Die alte Dame war mit einem gebrochenen Hüftbein zur Kurzpflege in das Altersheim eingewiesen worden und überhäufte - just nach Hause zurückgekehrt - die Ergotherapeutin mit Anrufen voller Klage. Sie sei mit ihrem ostdeutschen Sohn übergesiedelt, jedoch im Ort bis jetzt nicht heimisch geworden. Eine sächsische Verwandte im Arm hatte sie an einem Sonntag bei Sophie angeklopft, um die Besucherin für einige Wochen in ihrer Villa kostenfrei unterzubringen. „Das ist ja fast wie im Krieg", flachste die entnervte Hausbesitzerin, „ich bin doch kein barmherziger, immerzu liebesbereiter Staubsauger für alle Lebenslagen." Die beiden Damen gingen mit dem halben Fliederbusch aus Sophies Garten im Gepäck. „Wir im Osten sind freizügiger", hiess es. Die Frau beschloss, trotz der einbrechenden Dunkelheit zu Fuss zur Tankstelle zu gehen, um im Kanister etwas Benzin für den Rasenmäher zu holen, der bereits im Keller des Hauses stand und in der Winterpause nicht austrocknen sollte.

Behutsam schloss sie die Gartenpforte und begutachtete ihr am Gartenzaun abgestelltes, schrottreifes Krabbentier. Über den Zaun hinweg hingen mannshohe, kräftige Zweige von Zederbüschen. Sie bildeten eine Art Garagendach über dem dort parkendem Wagen - einen naturgrünen Baldachin. „Na, wenn du nicht mehr bist, gibt es wenigstens einen einzigen Umweltsünder weniger", klopfte sie auf das alte Blech. Die Tankstelle lag ganz am Ende der Uferstrasse. Sophie begann sich zu beeilen, denn die Abendsonne machte sich auf, um in einem unsentimentalen Entspurt am Horizont unterzugehen. In der Dämmerung näherte sich ihr eine schlanke Frauensilhouette an der Leine einen noch schlankeren Jagdhund führend. „Der ist bissig!", warnte eine zischende Frauenstimme eindringlich. Mit einer grell aufblitzenden Taschenlampe leuchtete die ihr bekannte Frau Sophie unverschämterweise direkt ins

Gesicht. Mit ihrem abgenutzten, leeren Benzinkanister kam sie sich vor wie der junge Michael, der in den Nachkriegswirren bei einem Einbruch erwischt worden war. Weil er einen Kanister Gefrierschutzmittel für sein erstes klappriges Taxi geklaut hatte, erhielt er eine Anzeige, musste vor Gericht und einige Tage in Haft. Danach wurde er einer der reichsten Männer im Ort. „Ich beisse zurück", antwortete Sophie, „wie geht es dir, Sabine?" Die Frau mit dem streng zusammengeknoteten Pferdeschwanz hatte in eines der wenigen krisenfesten Geschäfte eingeheiratet und zwar in eine grössere Fleischerei, die auf allen Festen und Feierlichkeiten die Bürger des Städtchens mit Würstchen versorgte. „Gut. Sag' mal, kannst du deine Villa ohne einen festen Job eigentlich noch lange halten?", fragte sie neugierig, während ihre Pupillen Sophie unerbittlich starr und kalt fixierten. „Nicht mehr lange", sagte sie unter dem ihr wohlbekannten Schmerz, der die rechte Gesichtswange durchzog und sich anfühlte wie eintausend gleichzeitig einfallende Nadelstiche. „Mein Mann und ich würden deine Villa sofort kaufen! Nenn' uns nur den Preis!", fiel sie über die Bekannte her, während sich ihre Lippen zu einem gekünzelten, aufgesetzten Lächeln verformten.

„Unter manchem äusserlichen Liebreiz kann sich auch knallharter Eigennutz verbergen", sann sie nun auf der Fussmatte vor ihrer Haustür sitzend und auf den prall gefüllten Benzinkanister starrend der unangenehmen, vorherigen Begegnung nach. Das liebliche, etwas krumm gewachsene Katzenbäumchen für sich neu entdeckend. An dieser Stelle hatte sie sich von Marlene verabschiedet, um ihre Rückreise nach Berlin anzutreten. Es sollte das letzte Mal gewesen sein, dass sie die Mutter lebend sah. Hier hatte sie auch der Vater kurz vor seinem Tod in der Haustür stehend herzlichst begrüsst. Verloren hatte Sophie an diesem Platz einst einen von ihr heiss geliebten Ohrring aus Blattgold. Versehen mit einem weinrot schimmernden Rubinstein. Den hatte sie auf der ersten Urlaubsreise mit Martin auf der griechischen Insel Kea erstanden, wohin einst politische Gegner der Diktatur abgeschoben worden waren. „Vielleicht sollte sie besser dieses Haus, dieses geliebte Gefängnis verlassen“, dachte sie, „und einfach gehen!“ „Hier könntest du irgendwann verrückt werden“, hatte Thea sie vorgewarnt. Plötzlich kam ihr die verstorbene Johanna in den Sinn, eine Nachbarin, die trotz schwerer körperlicher Gebrechen jeden Tag ein Bild malte und ihr eines davon - darauf abgebildet zwei schnüffelnde Wildschweine in einem violetten Wald - schenkte. „Das sind mein Mann und ich“, lachte sie. „Die Frau ist gaga!“, hiess es, doch sie liebte Johanna. Sie dachte an die grosse Entrümpelung der Villa. Die Mamortische, die sie weggegeben hatte, weil ihr Herz in deren Anwesenheit erfror. Den wertvollen Teppich, den sie kurzerhand zerschnitten hatte, weil ihr aufgrund seiner grellen Farben übel wurde. An die Unmengen verdorbenen Fleisches aus der Kühltruhe, das sie im Garten verbuddelt hatte. An die Kleidersammlung mit teuren Lederkostümen und vierzig Paar Schuhen von Marlene, die am Ufer abholbereit am nächsten Morgen bereits verschwunden waren. An die Nacht, als sie Nussbaums Schuhabsätze einige Tage nach Marlenes Beerdigung vor der Haustür auf dem Gehweg klirren hörte. In Furcht, er könne noch einmal in das Haus eindringen, doch sie hatte das Türschloss bereits auswechseln lassen. Sie erinnerte sich mit Unbehagen an dessen nervösen und tänzelnden Gang. Da war der Klang des Schrittes von Martin ein ganz anderer gewesen! Schlurfend, beinahe polternd. Sie gedachte dem Augenblick, als sie Martins breiten Rücken um die Berliner Hausecke das letzte Mal für immer verschwinden sah. Leichte Schneeflocken bedeckten wie bittere Tränen sanft Sophies Stirn und ihre langen Haare. Fröstelnd hatte sie auf dem Balkon ihrer Mietswohnung gestanden und ihm nachgesehen. Wenigstens beginne nun etwas Neues, fuhr ihr in den Sinn. Der rote Ohrring, bitterlich von der Frau vermisst, fand sich damals bei auftauendem Märzwetter unter einem Tannenzweig wieder.

XI.

Es war kurz vor dem neuen Weihnachtsfest. Sophie hatte kräftige Tannenzweige aus ihrem Garten mit einer Rosenschere in passender Grösse zugeschnitten. Das grüne Stückwerk nach seiner Form und Farbe - edles Silbergrün, Wildes aus dünnen und spitzen Nadeln, Buschiges mit winzigen Zapfen - auf ihrem samtenen Teppich im Wohnzimmer verteilt, worüber sich Lena heftig freute, indem sie unentwegt an dem erdig riechenden, hölzernen Stielen schnupperte und einzelnen Zapfen hinterherjagte. Die Krabbe hatte den Geist aufgegeben. Sophie war unterwegs in die Kreisstadt gewesen, als der Motor knirschend und in nur wenigen Sekunden in alle Ewigkeit absoff. Einige Autofahrer, die an der Frau vorbeisausten, hupten schadenfroh. In übertriebener Sorge um seine autofreie Schwester hatte Wilhelm, als sie auf sein Klingeln nicht reagierte - sie wollte ausschlafen, zwei Polizisten mit Blaulicht herbeigerufen, die nun im Begriff waren, ihre Haustür aufzubrechen. Noch nie zuvor hatte sich Sophie selbst so wütend erlebt, indem sie die drei Männer anbrüllte: „Glaubt ihr etwa, ich hänge mich wegen einer blöden Schrottkarre auf?“ Fluchtartig zogen die verdutzten Herren von dannen. Kurz darauf streikte im Keller des Hauses die Heizung. Aus einem vergammelten Rohr sprudelte das Kühlwasser. Mit den Worten „Ich kann dich ja nicht erfrieren lassen“ hatte Thea ihr einen Scheck zukommen lassen. „Den rechne ich ihr hoch an“, kommentierte die Beglückte die überraschende Spende. Als ihre kaputte Heizungsanlage auf dem Anhänger mit dem Schrotthändler davonfuhr, war Sophie, als würde die Mutter noch einmal beerdigt werden. Mit ruhigem, sicheren Griff begann sie die sperrigen, zugeschnittenen Zweige paarweise um einen vorgefertigten Kranz aus Bast zu wickeln und mit einem hauchdünnen Draht festzubinden. „Dies wird ein hübscher Weihnachtskranz - Lena“, sagte sie zu der Katze. Hubertus - ihren Jugendfreund - würde sie so schnell nicht wiedersehen, denn er war in die psychiatrische Abteilung eines Krankenhauses eingewiesen worden, nachdem er seinen Vermieter verprügelt hatte. Als Grund gab er an, sich durch dessen überhebliche Art gekränkt und gedemütigt zu fühlen. Die ärztliche Approbation war ihm bis auf unbestimmte Zeit aberkannt worden. „Hierzulande ist auch nicht mehr viel in Ordnung, aber woanders ist es noch schlimmer", erklärte sie dem munter umherspringenden Tier, „aufhetzende, islamische Propheten schaffen inzwischen neue Bruderkriege und wahre Flächenbrände - vielleicht ist dies die Antwort auf unsere teils masslos konsumwilde, ressourcenplündernde Gesellschaft. Sie blickte durch das Glasfenster der Wohnzimmertür auf das neue, weisse Drahtgestell, welches auf zwei Rädern im Flur stand. „ Das Stück gleicht haargenau dem weissen Unfallfahrrad aus meiner Kindheit - nur ist es viel grösser! Gewachsen ist es!"

If Elvis Could Live

Eine phantastische Erzählung

„Die persönliche Freiheit - die wirkliche Freiheit - währt bestenfalls einen zwei, drei Sekunden lang dauernden Wimpernschlag."

I.

Vor ihrer Haustür stand er an einem eisigen, kaltem Winterabend. Der kleine Fluss vor ihrem Heim war zugefroren, vereinzelt schossen leichte Schneeflocken aus dem grauen, verschlossenen Wolkenhimmel. „Ich bin es - Aaron", rief er mit seiner glockenklaren, beinahe sanften Stimme, „ich brauche deine Hilfe." Vorsichtig öffnete Martha die Tür. Wegen der Kälte war sie in eine dicke Wolldecke gehüllt. „Ach, ich habe es geahnt", sagte sie, „der göttliche Sänger ist zurück. Sei willkommen!" Verschämt stellte der erwartete Gast seine dunkelblaue Reisetasche an ihrer Garderobe ab. „Dick und alt bin ich geworden", begann er sich zu erklären, „ich habe das Gefühl, mit einem Bein in meinem vorgezeichneten Grab zu stehen. Mein rechtes Auge wird - durch Bluthochdruck bedingt - blind. Das Herz schmerzt, meine Koronararterien sind kaputt." „Ich weiss", antwortete sie und blickte mit einem Anflug von Zärtlichkeit auf seinen korpulenten Körper, der ehedem einmal schlank und rank, seine flinke Wendigkeit nicht verloren zu haben schien. Sah liebevoll auf sein feines, schwarzes Haar, seine tiefblauen Augen und seine schönen, ebenmässigen Gesichtszüge. „Du machst auf mich einen traurigen und müden Eindruck", bemerkte die zierliche Frau mit dem wilden, mächtigem, blonden Lockenschopf. Sie vermisste das mit dämonischer Kraft anziehende, lebendige Funkeln seiner Augen und beobachtete beunruhigt die starren, verengten Pupillen des einmal so attraktiven Mannes. „Deine cherokeesischen Wurzeln vertragen keine Beruhigungs- oder Speedpillen“, sagte sie nicht ohne einen entschieden und streng wirkenden Unterton in ihrer Stimme, „du kannst bei mir bleiben, aber nicht als schlafwandelnde Apotheke.“ Mit einem zustimmenden Seufzer liess sich der Musiker auf Marthas samtblau schimmerndes Sofa fallen und blickte fast erleichtert auf die neben ihm grell lodernden Holzscheide im Kaminofen. „Endlich fühle ich mich besser“, sagte er, seine Gastgeberin, die ihm im Sessel gegenüber sass, wohlwollend betrachtend, „wie ein kopf- und zielloser Tiger ziehe ich unruhig durch die Nächte, ohne irgendwo anzukommen.“ Aaron!“, erwiderte sie ruhig, „du warst das goldene Kalb, das man am Ende geschlachtet hat. Die Rampensau, die schliesslich nicht mehr konnte. Du hättest rechtzeitig alle Konzerttermine absagen müssen. Warum - frage ich mich - hast du diese hässlichen Fressanfälle?“ „Vielleicht konnte ich mich selbst nicht mehr leiden“, sagte er sehr bedächtig, „fast alle göttergleichen Menschen, die verehrt und geliebt wurden, stürzen irgendwann ab.“ „Du wirst dich an meine Küche gewöhnen müssen“, wies sie ihn auf ihre sanfte und kluge Art zurecht, „du bist jetzt jemand, der aus der Zeit gefallen ist, guter Mann! Ich hoffe, du wirst nicht in Schwierigkeiten geraten. Heute versuchen die meisten cool zu sein, wollen keine Schwächen und noch weniger ein Gefühl zeigen, aber am Klavier - oben in deinem Gästezimmer - kannst du dich austoben.“

Minutenlang liess Aaron im Duschbad die heissen Wasserstrahlen auf seine verhärteten, verkrampften Schulternmuskeln prasseln, wobei er ein undeutliches, glückliches Glucksen von sich gab. Als schien er schlückchenweise das ihn selbst überraschende Wohlgefühl in Form von Wassertropfen einzuatmen. „In this heartbreak hotel I’m so lonely I could die“, sang er laut und überschwenglich, während er Marthas gemütliche Küche betrat und sich an ihrem Holztisch über den von ihr frisch zubereiteten Tomatensalat, das knusprig gebratene Putenfleisch und die selbstgebackenen Haferflockenkekse hermachte. „Ich liebe diese runden Natursteine, aus denen dein Haus gebaut ist“, bedankte er sich höflich und streckte sich - wie von langer, qualvoller Anstrengung erlöst - auf Marthas Berberteppich vor dem offenen, glühenden Feuer, das im Kamin fackelte, zufrieden aus. „Da ist er wieder, der in sich selbst verliebte Halunke!“, lachte die Frau, „ich bin selbst schuld, wenn ich deinem verführerischen Charme erliegen will.“ Sie griff zu einer Trommel, die neben dem Teppich auf dem Parkettboden stand, und fing an, mit ihren zarten, jedoch energisch wirkenden Handflächen auf die Lederhaut des Instrumentes zu schlagen und nach dem inneren Rhythmus, der sich in diesem Augenblick in ihr regte, zu suchen. „Eigentlich habe ich mich selbst satt“, unterbrach er ihr zunächst zögerlich, dann heiteres und heftiges Getrommel. „Das ist eine lobenswerte Selbsterkenntnis“, grinste Martha den Mann selbstbewusst an, „aber was soll dieses Selbstmitleid?“ „Du hast recht! Ich bin ein müder, abgehalfteter Nachttiger, der in seinen selbstquälerischen Gedanken zerfliesst. Mit mir verschwendest du deine kostbare Zeit. Besser ist es, du malst jetzt weiter an deinen Bildern“, flüsterte er ihr ins Ohr, um sich zugleich an ihren warmen Körper zu schmiegen. „Es freut mich, dass du zu deiner dich auszeichnenden Casanovarolle zurückgefunden hast“, lachte sie ihn an, „weißt du eigentlich, dass sich in deiner begnadeten Stimme die Einsamkeit dieser Erde im Universum ausdrückt?“ „Du bist so weise“, schmunzelte Aaron sich als heimlicher Sieger fühlend, wobei er bewundernd die schmalen, nackten Füsse der Malerin betrachtete. „Spricht heute denn niemand mehr von der Liebe an sich? Die war ein Tagesthema zu meiner Zeit“, fragte er gespannt. „In der die Menschen in einem Hochgefühl ihre Landung auf dem Mond verfolgt haben. Alles schien möglich. Heute dagegen befürchten wir nichts mehr, als dass einmal ein Asteroid auf dieser, von uns ausgebeuteten und durchpflügten Erde aufschlagen könnte. Jeder kämpft für sich, zum Teil um das tägliche Überleben. Die Ideale haben ausgedient“, antwortete sie nachdenklich. „Dann hat sich die Liebe anscheinend in einem Mauseloch verkrümelt, um den Asteroideneinschlag abzuwarten“, lachte Aaron, „warum schaust du mir eigentlich unentwegt auf den Hosengürtel?“ „Dein kostbares, edelsteinbestücktes Machorelikt, mit dem du in vergangenen Tagen Eindruck schinden konntest, kannst du beiseite legen“, lächelte die Malerin.

II.

Ein halbes Jahr war vergangen. Sie werde nicht kommen, zweifelte der Musiker an Marthas Versprechen, ihn an diesem Tag im Hochsommer zu besuchen. Gelangweilt und wartend hockte er zusammen mit zwei Freunden am Pool in seinem üppigen, grossem Garten. Der eine - noch sehr junge, dunkelblonde, unscheinbare Mann - nannte sich David und war der Stiefbruder von Aaron, denn sein Vater hatte nach dem überraschend frühen Tod der Mutter wieder geheiratet. Der andere Freund hiess Larry, der sich als persönlicher Lebensberater des Sängers verstand, dessen Haare schnitt und frisierte. Der hatte inzwischen das zweite, sahnehaltige Stück aus der mächtigen Willkommenstorte verdrückt. „Marthas Diät hatte Wunder bewirkt. Nun werde ich wieder fett“, beklagte er sich über das süsse Vergnügen. „Sei froh, dass du in diesen wirtschaftlich so angespannten Zeiten privilegiert leben kannst“, fuhr ihm Larry wirsch ins Wort, „die Leute haben wenig Geld. Vor allem nicht für Konzertkarten.“ „Dem kann ich nur zustimmen“, sagte David, „die Jungs hocken stattdessen stundenlang vor dem Computer. Hättest du nicht diese Stimme in die Wiege gelegt erhalten und die Gospelmusik wie Muttermilch in dich aufgesogen, wärst du bestimmt ein Turnschuhverkäufer oder ein Busfahrer geworden.“ „Ich sollte den Genen meiner jüdischen Urgrossmutter - sie trug den schlichten Namen Mrs. Tackett - und indianischen Ururgrossmutter >Weisse Taube< danken“, gab der Rockbarde bissig, gleichzeitig etwas selbstgefällig zurück. In diesem Moment meldete sich Larrys Handy, das der Friseur in die Brusttasche seines Hemdes gesteckt hatte, mit der Melodie des Liedes „This is my way“. „Ach“, säuselte er in das Gerät und in die Männerrunde, „der Gärtner berichtet, dass die Dame seit zwei Stunden auf dem Boulevard vor dem Haus auf- und abfährt. Er habe sie für eine verrückte Verehrerin von dir, lieber Aaron, und aus Sorge vor Tumulten die Eingangspforte zu deinem

Grundstück geschlossen gehalten.“ „Ist dies ein Funkgerät?“, fragte der Sänger auf das Handy zeigend. In diesem Augenblick vernahmen die drei das heftige, wütend klingende Zuschlagen einer Autotür. „Sie ist gekommen“, bemerkte Aaron in plötzlicher Aufregung, „sie wird mich, wenn sie den ganzen Luxus- und Spielkram hier sieht, hassen.“ „Sie ist eine Lady!“, witzelte Larry und sah in Richtung des verspäteten Gastes, der hinter der Gartenhecke am Pool auftauchte und endlich - einen riesigen Karton in den Händen haltend - auf der Sommerveranda stand. „Hi!“, rief sie mutig in die Männerrunde, während ihr lockiges Haar, welches sie notdürftig mit einem roten Band zusammengebunden hatte, heftig hin- und herschwang. Einzelne Strähnen hatten sich gelöst und fielen der Frau in den Nacken und in die Stirn, was ihrer Erscheinung eine ungestüme Note verlieh. „Das Leben eines Sonnengottes!“, entfuhr ihr auf das prachtvoll ausgestattete Anwesen schauend, „wem willst du das vermachen, wenn du einmal nicht mehr bist?“ „Lass meine Tochter aus dem Spiel!“, schimpfte Aaron in einem äusserst aggressiven Ton. Er war von seinem Liegestuhl aufgestanden, auf seinen Gast zugegangen und hatte ihn, als wolle er hiermit seine harsche Begrüssung wiedergutmachen, samt Karton an seine Brust gepresst. „Ah - frisches Gemüse für meine Diät“, sagte er nun fast zärtlich, während er vorwitzig wie ein kleiner Junge in den offenen Karton spähte. „Die weisse Orchidee ist für deine Stiefmutter“, erklärte sie in Aarons einnehmender Umarmung um Atemluft ringend. Sie wird dich in den Wochen, die du bei mir verbracht hast, bestimmt vermisst haben. Die Zuckerwürfel sind für die geliebten Pferde deines Vaters.“ „Entzückend“, mit diesem Wort strich er ihr die wilde Haarmähne aus dem Gesicht.

Martha hatte sich im Bad ihres Gästezimmers frisch gemacht. Sie mochte den legeren Stil der amerikanischen, breiten Doppelbetten. Dieses besass eine weiche, königsblaue, nicht allzu dicke Überdecke, in die nur ein weisses Laken eingeschlagen wurde. Auf der lag sie nun - fast nackt - entspannt und streckte ihre vier Gliedmassen aus. Wie eine glückliche und zufriedene Katze fühlte sie sich. Nach einer Weile zog sie ihr weinrotes Sommerkleid über Oberschenkel, Hüfte, Brust und Schultern und musterte - mit sich rundum einverstanden - ihren eher mageren Körper im Wandspiegel. Wie Aaron sich fühlen mochte?, fragte sie sich, seinen plötzlichen Herzstillstand früh morgens im Badezimmer schien er überwunden zu haben. Nach immerhin sechsunddreissig Jahren Abwesenheit auf der Erde, nach unendlich langen Jahren, in denen er als gesunkener Stern im Kosmos herumgeschwirrt und -geirrt sei, musste er sich doch hier fremd fühlen! Ah - er habe ein dickes Fell, schob sie ihre Bedenken beiseite. Schloss eilig den langen Reissverschluss an ihrer Taille, schlüpfte in die winzigen, mit Holzperlen verzierten, hellbraunen Sommersandalen und stieg behutsam die weissgekachelte Treppe der Südstaatenvilla hinab. Unten angekommen eröffnete sich dem Blick ein grossräumiges Empfangszimmer. In einem seiner geliebten, weissen Ledersessel hatte es sich der Troubadour bequem gemacht. In seinem noch weisseren Wollpullover, dachte sie, füge sich dieser Mann - dem gelungenen Bronzeabguss eines Adonis gleichend - perfekt in sein edles Interieur. Wenn - ja, wenn er nur nicht so fett geworden wäre! „In deinem Kleid siehst du richtig hübsch aus“, seine vom entwöhnten Pillengenuss wieder klaren Augen strahlten stolz gleichsam dem bunten, schillerndem Pfauengefieder auf den Tiffanyfenstern des Raumes. „Ich hoffe, du wirst darin nicht frieren, denn gegen Abend wird es in Memphis kühl“, erklärte er, „in den langen Jahren meiner Abwesenheit habe ich Abstand zu meinem früheren, ungesundem Lebensstil gewonnen“, erklärte er Martha mit todernster Miene, „ich habe die Chance erhalten“ - seine Stirn legte sich in viele Falten - „noch einmal zweiundvierzig Jahre alt zu sein, obwohl ich zum jetzigen Zeitpunkt achtzig Lenze zählen und ein alter Mann sein müsste.“ „Dir ist eben das Glück einer Schamanin widerfahren“, erwiderte sie gelassen. In kleinen, tänzelnden Schritten bewegte sie sich den

Raum ertastend, „als nächtlicher Beschützer der vielen toten, unglücklichen Seelen hast du deren Gnade gefunden.“ Wie gebannt verfolgten seine Augen jede ihrer federnden, fast schwerelos und schwebend wirkenden Bewegungen. „Endlich kommen keine Busse mehr. Vollgeladen mit lauten, plappernden Touristen, die ich ertragen muss. Die ihre Blumenkörbe auf meinem Grab entleeren, als wäre ich eine Vermittlungsagentur für einsame Herzen. Menschen, die mich mit ihren vielen mitgebrachten, unterschiedlichen Duftkerzen in meiner Gruft fast ersticken.“ „Sei nicht ungerecht“, erwiderte sie hitzig, „ohne deine zahlreichen Fans hätte sich dein starkes Ego nicht entwickeln können.“ „Ja, immer musste ich mich bei allen dankbar zeigen, bis meine Arroganz und Aufgeblähtheit in einer Darmparese mündete“, sagte er wütend. „Die hatte ihre Ursache wohl eher in schier unverdaulichen, in Erdnussbutter gebratenen Bananenstücken und eingenommenen Abführmitteln“, reizte sie ihn, „viele deiner angeblichen Verehrer sind schadenfroh über dich hergefallen, nachdem du dem Idealbild, welches du selbst von dir geschaffen hast, nicht mehr entsprechen konntest. Was hättest du, wenn du dich nicht selbst zerstört hättest, noch für tolle Lieder komponieren können?“ „Das ist das Schicksal von Göttern!“, antwortete Aaron grimmig.

„Es duftet so zauberhaft nach einer Brokkolisuppe“, unterbrach Aarons Vater den Disput, „diese eigenwillige Dame ist also deine neue Eroberung. In einem reifen Alter von fast vierzig Jahren wird sie sich von dir mit Sicherheit nicht mehr alles gefallen lassen - im Gegensatz zu den meisten ihrer Vorgängerinnen.“ „Ich bin froh darüber“, so der Musikbarde, „dass die Zeiten vorbei sind, in denen mir wildfremde Frauen nach den Konzertauftritten die Kleidung - samt Hautfetzen - vom Leib gerissen haben. Ich war eine Jagdtrophäe!“ „Das Essen kommt!“, rief eine schlanke, ältere Frau mit einem Allerweltsgesicht. In ihren kräftigen, zupackenden Händen eine riesige, noch dampfende Suppenschüssel haltend. „Bleibt an diesem denkwürdigen Tag friedlich. Ich danke dir für das herzhafte Gemüse, Liebes“, nickte sie zustimmend Martha zu. „Was für wunderbare, feingeschnitzte Holzmöbel und welch' märchenhaft feines Silberbesteck - ein Ambiente von eleganter, fast europäischer Art“, entfuhr der begeistert. Die vier Personen setzten sich im anliegenden Essraum an den Tisch. Martha sah auf das feingekräuselte, bereits ergraute Haar von Aarons Vater. Auf dessen verschwiegen, gleichsam schelmisch wirkende Augen- und Mundpartien, die vielleicht auf irische oder schottische Vorfahren schliessen liessen. Den Charme und den Witz, vermutete die Frau, könnte sein Sohn von ihm übernommen haben. Dessen rätselhafte, anmutige Wildheit und widersprüchliche Emotionalität liessen dagegen auf den verstorbenen müttlerlichen Elternteil schliessen.

„Es fehlt noch jemand“, stellte der Sänger nüchtern fest. „Larry ist bereits gegangen“, bemerkte die Stiefmutter, „nach der Dauerwelle, die er mir verpasst hat, musste er noch zu einem anderen Kunden und ist schnurstracks mit dem Fahrrad auf und davon.“ „Er fährt mit dem Fahrad durch Memphis?“, wunderte sich der Familienmittelpunkt ungläubig, „er kann als mein bester und engster Freund doch jederzeit eines meiner Motorräder und Autos benutzen.“ „Durch die vielen Abgase, welche wir mit unseren Benzinschleudern in die Atmosphäre jagen, schaden wir uns selbst“, warf der Stiefbruder Aarons in den Raum, ihn mit einem Tablett wohlriechender und aufgebackener Baguettes betretend. Zielsicher schritt David auf einen überdimensional grossen Flachbildfernseher zu, der vor dem Esstisch auf einer antiken Vitrine plaziert war. „Das müsst ihr sehen“, sagte er und drückte den Startschalter. „Das ist ja Dylan!“, rief Aaron aus. Er zuckte zusammen, „der Mann sieht in seinem schnieken Anzug aus wie ein seniler Penner. Der bekommt im Weissen Haus von einem Farbigen einen Orden an sein Brustkuvert gesteckt!“ „Der Farbige ist unser neuer Präsident“, grinste David seinen Stiefbruder herausfordernd an, „komme jetzt bitte nicht auf die Idee, eine deiner verstaubten Knarren aus dem Schrank zu holen und wie zu deinen Glanzzeiten auf den Fernseher zu schiessen, nur weil dir das vom Suff gezeichnete Gesicht von Bob Dylan nicht gefällt." „Wir sollten unbedingt die Ruhe bewahren", mischte sich der Vater ein, „dennoch ist die Preisverleihung auch für uns ein denkwürdiger Moment, denn schliesslich wurde in Memphis einst Martin Luther King ermordet. Pass' auf dein schwaches Herz auf, mein Sohn! In das nach dir benannte Hospital, in dem du vor achtunddreissig Jahren obduziert worden bist, können wir dich nicht bringen. Es ist nicht mehr vorhanden" „Ich erinnere mich an den Todeskrampf", erwiderte der Musiker leise, „meine Gedärme - so schien es mir - sind in meinem Inneren an diesem Morgen fast explodiert. Alles lag mir schier unverdaulich in den Eingeweiden: Der ganze Elvis-Presley-Scheiss! Vor Augen eine neue Konzerttour, die meinen Blutdruck vor jedem Auftritt in die Höhe treiben würde. Im Spiegel sah ich einen alt gewordenen und fettleibigen, entstellten Mann. Jemanden, der jahrelang die Nacht zum Tag und den Tag zur Nacht gemacht hatte. Ein grausamer Schmerz hat mich in jenen Todesminuten gepackt. Es war der Wunsch meines Herzens nach der Endlichkeit aller Dinge.

III.

Das sei also die neue, faszinierende Technik, welche alle Elektronik - basierend auf Mikrochips - so klein und fein mache, fummelte der Musiker an einer Fotokamera herum, indem er die Batterie und Speicherkarte begutachtete. Beides wieder in das winzige Gerät steckte, um sich dann selbst zu fotografieren. „Eitelkeit war vielleicht meine stärkste Antriebsfeder“, sagte er und wälzte sich in der mit bunten Kissen bestückten, überladenen Sofagarnitur aus den siebziger Jahren, welche er in seinem - selbst so betitelten - Medienraum plaziert hatte. Ziellos blätterte Aaron in Modezeitschriften. Seine zwanzig Fernsehgeräte könne er in den Müll geben, doch mit dem glänzenden Mahagoniholz in Kompostion mit der blauschimmernden, funktional wirkenden Stoffarbe - Dinge, mit welchen er viele seiner Räume ausgestattet hatte - sei er seiner Zeit im Modegeschmack weit voraus gewesen, äusserte er zu Martha, welche sich mit einem Notebook im Arm zu ihm auf die Couch gesetzt hatte. „Die überwältigende Sammlung deiner vergoldeten LPs hat mich überwältigt. Wolltest du damit stellvertretend das von den Weissen geklaute, indianische Gold zurückerobern?“, fragte die Malerin und stellte den PC auf den Couchtisch, der vor ihnen stand. „Memphis ist arm. Hier gibt es kein Gold!“, antwortete er unwirsch, „sag’ mal, gibt es eigentlich noch Hippies`?“ „Die haben entweder ein Reisebüro oder ein Restaurant in einem Land ihrer Sehnsucht aufgemacht. Oder aber sie ernten selbstgezogenes Gemüse auf einer Farm“, entgegnete sie, „auf deine bombastischen Diamantringe solltest du auf dem Open-Air-Konzert am heutigen Nachmittag jedenfalls verzichten. Ebenso auf deine weiten Schlaghosen und Plüschhemden. Der überkandidelte Trompetenlook der siebziger Jahre ist völlig out, mein Lieber! Als Spende diverser Banken ist das Konzert gedacht als eine Gratisveranstaltung für die armen Schlucker dieser Stadt. Es findet am Ufer des Mississippi statt.“

Der Sänger hatte damit begonnen, sich in das ihm unbekannte, visuelle Abenteuer - vor ihm auf dem Couchtisch stehend - zu vertiefen. „Das ist leichter als ein Klavierspiel ohne Noten“, rief Aaron begeistert aus, während er mit der Maustaste hantierte, „das Wichtigste bleibt doch, ausreichend Mäuse in den Händen zu halten. Oh allmächtiger Google!“ Der Musiker starrte fassungslos auf den Bildschirm. Unter dem Stichwort >Herzoperation< waren dort Fotos aufgeführt, die die Verwendung von herausgeschnittenen Beinvenen für kaputte Koronararterien zeigten. „Es ist ein Segen und vielleicht kein Zufall, dass meine von mir geschiedene Frau genau zu diesem Zeitpunkt zwecks Renovierungsarbeiten diese Villa für Sightseeingtouren hat schliessen lassen“, fügte er nachdenklich hinzu, „ein sogenanter Bypass also hätte mich eventuell retten können.“ Hast du deine Frau schlecht behandelt?“, fragte Martha ihn unvermittelt. „Ich habe unser Leben und unseren Alltag dirigiert. Unter meiner Regie konnte sie sich nicht entwickeln“, gab er seinen Fehler zu, „ich war aggressiv zu ihr.“ „In den fünf Jahren deiner Ehe hast du übrigens fabelhaft ausgesehen: Sinnlich weich, zugleich unnahbar cool. Du warst ein erotisches Paradoxon!“, schwärmte Martha. „Wirklich?“, der Sänger lachte, „vielleicht hätte ich mich nicht so sehr meinen Karateübungen verschreiben, sondern eher meine von mir unterdrückte, schwule Ader ausleben sollen. Als Südstaatler jedoch konnte ich mir das nicht erlauben.“ Angeregt starrte der Mann auf ein Foto aus der Suchmaschine, in die er nun seinen Namen eingegeben hatte. Es zeigte ihn in prinzenhaft anmutender, königsblauer Garderobe neben den amerikanischen Präsidenten Richard Nixon stehend. „Stimmt's? Du warst schon ein ziemlich schlimmer, rechter Knochen!“, mokierte sich Martha, „mit deiner öffentlichen Hetze gegen das Jointrauchen hast du die ganze amerikanische Jugend gegen dich aufgebracht!“ „Das war damals!“, konterte der Sänger gelassen, „mit dem Zeug hätte ich meine Stimme ruiniert!“ Vorsichtig setzte er einen Link auf ein Kurzvideo. *„Because I'm a tramp I had to die. People I had taken* *too many of these damned pills and drugs. We're caught in a trap and I can't walk out. We can't go together and build our dreams on suspicious minds*", sang auf einem Klo ein unansehnlicher, verfetteter, nackter Unbekannter. Aaron schluchzte.

Das Paar stieg in den cremefarbenen Mercedes ein, mit dem der Künstler von Marthas Haus aus am Colorado River gelegen nach Memphis gefahren war. Die Therapie in der Einsamkeit der Rocky Mountains habe gewirkt, freute er sich erleichtert, zweidutzend unnötige Kilos an Leibfett habe er bereits verloren. „Mit diesem alten Automobil werden wir bestimmt nicht weiter auffallen", hoffte die Frau, die am Steuer des schwergewichtigen Oldtimers sass, „du hast mehrere, faustdicke Beulen in die Karosserie gedonnert." „Ich bin eben lange raus aus der Fahrpraxis", antwortete er, froh darüber, dass sogar die Sehstörungen in seinem rechten Auge nachgelassen hatten. Fast verschüchtert zeigte er auf dem Beifahrersitz auf seinen mit grellen Farbtupfern gezeichneteten Gürtel. „Soll ich ihn ablegen?", runzelte er nachdenklich die Stirn. „Der ist jedenfalls dein Markenzeichen", versuchte sie seine verständliche Unsicherheit zu besänftigen. Warum rechne ihm nur niemand an, dass sich die Frauen mittels seiner Musik - durch ihr hysterisches Geschrei und Gekreische - auf seinen Konzerten ihrer eigenen Sexualität bewusst geworden seien, resümierte er nun rachedürstend. Derweil bog der Mercedes gemächlich durch die mit Notenspielereien verzierte Gartenpforte auf den Boulevard. Ein Schrecken fuhr ihm in die zu neuem Leben erwachten Glieder. „Martha! Dort auf der anderen Strassenseite steht mein Flugzeug, mit dem ich nach Las Vegas und durch das ganze Land gejettet bin!", brüllte er aus voller Kehle. Es trage noch immer den Namenszug meiner Tochter, er krümmte sich im inneren Schmerz zusammen. „Ich muss Lisa unbedingt anrufen", herrschte er ungehalten Martha an. „Dein Flugzeug soll Touristen anlocken! Gedulde dich!", fuhr die unbeeindruckt von seinen wild um sich schlagenden Armen weiter, „du darfst Lisa jetzt nicht erschrecken! Indem du weggegangen bist - sie verlassen hast, als sie noch ein Kind war, hast du ihr am meisten weggetan." „Ich weiss, du blöde Tröte!", das Gesicht des Musikers war wutverzerrt, „als ich die Erde verliess und zu meinem Stern im Kosmos zurückkehrte, habe ich vergeblich ihren Namen herausgeschrien und sie um Verzeihung gebeten." „Sie wird dies alles wissen", gab sie ihm zu verstehen, die Autoscheibe herunterkurbelnd, um besser einparken zu können. „Wir sind da - und es riecht verdammt gut nach einem Barbecue-Grill", versuchte sie ihren depressiven Begleiter aufzumuntern, doch der hatte bereits mit einem Ruck die Beifahrertür aufgerissen. „Pass' doch auf, du Clown", schnauzte ein Passant auf dem Gehsteig den Überraschten an, „willst du zu einem Faschingsfest?" >NO NUCLEAR REFUSE IN TENNESSEE< las der verdutzte Aaron die grossen Letter auf dem Protestplakat, welches an einem Baum am Strassenrand angebracht war.

Er ist eben kein Typ, für den Frau eben mal schnell in einem Konfektionsgeschäft einen beliebigen Anzug kaufen kann, zweifelte sie an ihrer spontanen Idee zu diesem Ausflug, während sie Aaron dabei beobachtete, wie er unentwegt und mit dynamischen Schritten neben der Konzertbühne herumlief und sich darum bemühte, eine Sitzmöglichkeit für sie beide zu organisieren. Zäh wie die im Sternzeichen des Steinbock Geborenen - dachte sie, schien er nicht aufzugeben, bis er strahlend mit zwei weissen Plastikstühlen zurückkam. „Na, was sagt du jetzt?", präsentierte er stolz seine Beute, „wir sind ja schon etwas älter. Wir sollten uns nicht auf den nackten Rasen setzen." Währenddessen flatterte seine Trompetenhose und sein Seidenhemd im Wind. Die schwarze Sonnenbrille - Grösse XXL - die er sich aufgesetzt hatte, um sich zu tarnen, liess Aaron wie ein verirrter Schmetterling in einem verführerisch duftenden Garten erscheinen. „Ich hätte für dich besser einen Flug nach Las Vegas buchen sollen", entschuldigte sich Martha, „dort läuft eine Show - eine Retroperspektive mit all deinen Songs. Gezeigt wird in riesigen, originellen Bühnenbildern der Einfluss der Country, Blues und Gopselmusik auf dein Schaffen. In einer der kreativen Dekorationen schwebt ein überdimensional grosser Umriss einer elektrischen Gitarre an einem festen Draht. Auf dem Musikinstrument klettern zwei Artisten. Der eine - es handelt sich um deinen toten Zwillingsbruder Jesse - stürzt in eine bodenlose Tiefe. Der andere..." „Wer sagt, dass der totgeborene Jesse so gewesen wäre wie ich es war?", schnauzte Aaron zurück, „lass' ihm seinen Frieden. Wer verdient an der Show?" Konzertbesucher - es handelte sich um eine Gruppe von ungefähr zehn Personen - hatten neben dem Paar auf dem Rasen am Mississippi Wolldecken ausgebreitet und sich auf ihnen niedergelassen. Andere hatten sich selbst Klappstühle mitgebracht. „Es sind bereits hunderte Menschen da", freute sich Martha und überreichte Aaron ein zerknülltes Papier, auf dem stand: *As special guests today: Die Toten Hosen & Kraftwerk. Two German Rock Music Groups.* Angestrengt versuchte der Musiker die deutschen Bandnamen ins Englische zu bersetzen, indem er sich an seine kurze Militärzeit in Westdeutschland erinnerte. Er, welcher immer mit kraftbetonter und voller Stimme auf der Musikbühne gesungen hatte, bis ihm der Schweiss von der Stirn lief und sein Haar klatschnass triefte, beobachtete mit Erstaunen die akkuraten, ordentlichen Kurzhaarschnitte der männlichen Konzertbesucher. Es raucht ja niemand, stellte er verdutzt fest. Es kam ihm so vor, als würden sich die Menschen um ihn herum fast so adrett wie in den frühen sechziger Jahren bewegen. Nur lockerer und selbstbewusster im Auftreten erschienen sie ihm. Ihre Mimik dagegen wirkte ernster und nachdenklicher als damals. Elegant geschnittene Blazer in allen möglichen Farbtönen und ungewöhnliche, formschöne Stiefeletten, welche die Leute trugen, erregten Aarons Aufmerksamkeit. „In welcher Sprache reden die neben uns, Martha?", flüsterte er in Marthas Ohr. „Das sind russische und lettische Touristen, die in Memphis haltmachen", lächelte seine Begleiterin. „Die sehen ja aus wie Amerikaner. Sind die USA jetzt kommunistisch?", fragte er verunsichert. Durch das Hirn des Mannes schossen in Millisekunden tief ins Gedächtnis gebrannte Kriegsbilder. Von zerfetzten und zerschundenen, vietnamesischen Kinderleibern. Er erinnerte sich an die Fernsehbilder vom schmählichen Abzug der US-Armee aus Südvietnam. „Die Träume von einer sozialeren Gesellschaft, die deine Generation auszeichnete, scheinen abhanden gekommen. Ausser dem kleinen Nordkorea frönen alle dem globalen Kapitalismus“, erklärte seine neue Erdenfreundin dem Troubadour aus vergangenen Tagen. „Hey, Schmusetarzan“, wurde der plötzlich von einer hübschen, braunhaarigen Frau in einem löchrigen Lederkostüm angesprochen. „Glückwunsch!“, sagte sie, „willst du als endlich einmal gelungene Elvis-Presley-Imitation hier einen Preis gewinnen? An diesem Tag ist Punk und nicht Fummelmusik angesagt. Wie ein von Toncomputern begeisterter Musikfreak siehst du mit deinen indianischen Perlenbändern auch nicht gerade aus. Mit dem nebulösen Astro-Schnickschnack um deinen Hals kannst du gerade noch die süsse Braut neben dir beeindrucken.“

Aaron hielt sich mit seinen beiden Handflächen die Ohren zu. Die laute, deutsche Punkband schien seine Nerven strapaziert zu haben. „Was für eine Getöse! In meinem Innenohr klingelt es!“, murmelte er in sich hinein. Gemeinsam mit seiner Begleiterin hockte er am Ufer des weiten Stromes, während die orangerote Abendsonne langsam über dem Flussbett versank und sich der Himmel zu verdunkeln begann. Sichtbar wurden nun die Gestirne, die wie winzige, wissende Goldkügelchen über der Stadt schwebend hingen. „Hat dir wenigstens die elektronische Musik gefallen“, fragte Martha ihn ungeduldig. „Obgleich sie mir ziemlich monoton schien - sozusagen wie ein plasterner Sound daherkam, war sie witzig und durchdacht“, gab er zögerlich zu, „die Sänger agierten wie fremdgesteuerte, unpersönliche Wesen. Marionettenhaft. Mit ihren Klängen verschmolzen. Fühlst du dich manchmal als modernes Wesen so, Martha?“ „Manchmal“, antwortete sie, „doch es stellt sich weiterhin die Frage nach dem Puppenspieler, der die Fäden in den Händen hältst - meinst du nicht auch?" „Einen zumindest durfte ich kennenlernen", Aaron wies mit einem Zeigefinger in den nunmehr klaren Sternenhimmel, „dort oben - im Sternenbild der Waage - hat er mir meine Lebensaufgabe zugewiesen, die darin bestehen sollte, mittels des Gesanges durch meine Stimme Harmonie zu schaffen." „Aber du warst zu Beginn ein Revoluzzer - jemand, der den Blues singen konnte wie ein Farbiger!" „Der Mars - in der Waage stehend - war zeitlebends mein Fürsprecher. Er machte mich stark und feurig." „Hast du wegen ihm so unendlich viele Frau geküsst?", witzelte Martha. „Das war - ", er hielt inne, „nur eine unterdrückte und von mir wiederentdeckte indianische Begrüssungszeremonie. Der allseits bekannte Bruderkuss." „Ah- das ist sie wieder - deine von dir verleugnete, schwule Ader." „Es war eher neptunal und jungfräulich bedingt, dass ich es - ich muss es offen eingestehen - in meinem frühen Jahren genossen habe, durch den Rock'n Roll Musik das weibliche Geschlecht in Verzückung und zur Raserei zu bringen. Aber hunderte Frauen in Gestalt einer Aphrodite – eine schöner als die andere – können auch Überdruss hervorrufen. Am Ende war ich es schlichtweg leid, die in meinem Schweiss gebadeten Halstücher in den Konzerten den kreischenden Frauen zuzuwerfen - quasi als Ersatz und Fetisch für einen unmöglichen, sexuellen Akt." „Das klingt nach harter Arbeit", sagte Martha. „Ja, das war >*fever*< pur. Durch die Trinität von Sonne, Venus und Merkur begünstigt blickte ich mein ganzes, kurzes Leben hindurch direkt in das Auge des unerbittlich leidenschaftlich und zerstörerisch wirkenden Pluto - dieses gemeinen Rackers", berichtete Aaron mit sich versöhnt in den Nachthimmel blickend, „leid getan hat es mir um meinen Vater, der an meinem frühen Tod zerbrochen ist, und mir nach nur zwei Jahren folgte. Ich muss jetzt herausfinden, wie es um meine Enkelkinder bestellt ist. Ich will wissen, ob sie mich im Nachhinein für verantwortungslos halten." Leise begann der tote Musiker die Melodie *„You are always on my mind"* anzustimmen.

Während sich im faden, noch nebeligen Morgenlicht der Oldtimer - dieses Mal unter seiner Regie - der Villa näherte, sang er immer noch „*So close, yet so far from paradise*“.

IV.

Ein ohrenbetäubender Lärm schreckte die noch Schlafenden zur Mittagszeit. Hektisch zog Martha die Gardine am Fenster zur Seite, um im Garten nach einer möglichen Ursache zu sehen. Tatsächlich erspähte die Malerin dort zwei Arbeiter, die mit zwei Kettensägen im Duett gegonnen hatten, morsche und abgestorbene Eichen zu fällen.Dann nahm die Frau einen sehr langsam fahrenden Firmenwagen mit der Aufschrift >sanitary articles< wahr, der sich von der Eingangspforte auf dem Grundsrück der Villa näherte. „Wir müssen sofort verschwinden, bevor sie uns entdecken", rief Martha laut, die zur Dusche in das Badezimmer gelaufen war, dem verärgert und noch müde aussehenden Hausherren zu, „auf der Kommode neben dem Bett liegen dein neuer Reisepass und ein gemeinsames Flugticket. Unschlüssig griff Aaron zu den Dokumenten und stöberte in ihnen. Unter einem verknitterten Foto, welches tatsächlich seine Person zeigte, entzifferte er verwundert seinen neuen Namen, welcher lautete: EDDY ADAM PREDLEY, geboren am 8. Januar 1973 in Tupelo, Tennessee. In den geöffneten Reiseunterlagen fand er ein Ticket für zwei Personen mit der Flugroute MEMPHIS-NEW YORK-DUBAI-JERUSALEM. „Himmel! Wie kostspielig!", schimpfte er laut. „Ist alles bezahlt. Durch eine Erbschaft, die ich gemacht habe", krähte Martha fröhlich unter der Dusche stehend. „Willst du mich entführen? Können wir nicht einfach deine gemütlichen Hütte in Colorado aufsuchen?", fragte er freundlich - in der trügerischen Hoffnung, sie dadurch umzustimmen. „Vergiss' nicht, den Memphis Blues und die Chabbiskerzen einzupacken, Liebste!", brüllte er erbost, nachdem er von ihr keine Antwort erhalten hatte, in Richtung Ankleidezimmer, in dem Martha die Koffer packte.

„Ich werde euch beide zum Flughafen chauffieren", bot Larry seine Hilfe an, „willst du im Nerzmantel deine Reise antreten, Elvis?

Mit diesem Pelzfummel erregst du den Zorn jedes Tierschützers." „Ich nenne mich jetzt Eddy", antwortete der bestimmt, „warum ist mein Boulevard eigentlich mit diesen vielen Protestplakaten übersät?" „Weil seit deinem Ableben inzwischen zwei Atomkraftwerke explodiert sind. Eines vor fast drei Jahrzehnzen in der Sowjetunion. Ein Unglück, welches den Kollaps ihrer maroden Wirtschaft zur Folge hatte. Und das andere erst vor kurzem aufgrund eines fatalen Erdbebens geschehen in Japan", berichtete der Friseur, „es erzürnt in Tennessee viele Menschen, dass hier eine Anlage errichtet wird, in der internationaler Atommüll entsorgen werden soll. Hast du deinen Namen auch geändert, Martha?" „Nein", antwortete die hinter den beiden Männern im Auto auf der Rückbank sitzend, „ich bin die geblieben, die ich immer war. Von meinen Freunden nur MARSH-MARIGOLD gerufen. Im Flughafengebäude angekommen tauchte der Sänger in einem Videofilmladen ab. „Das muss diese neue Technik sein", kam er heftg gestikulierend zurück, „gefragt habe ich nach den besten männlichen Schauspielern aus den letzten beiden Jahrzehnten. Erhalten habe ich diese winzigen, silbern glänzenden Singles. Wer weiss, in welchem Gerät die aufgelegt werden", rätselte er. In seinen zitternden Händen hielt der aufgeregte Musiker vier DVDs, auf dessen Cover Fotos von Bruce Willis, Nicolas Cage, Kevin Kostner und George Clooney abgebildet waren. „Die Männer sehen ja aus wie gewöhnliche Highschoollehrer, welche unterschiedliche Fächer unterrichten und zwar Sport, Physik, Englisch und Geschichte", äusserte Aaron verwirrt. „Was sind das eigentlich für abgerissen gekleidete Leute, die auf den Sitzbänken schlafen, Goldmary?" „Obdachlose", bemerkte Martha mit spitzer Zunge, da sie sich über den nun herablassenden Ton von Aaron ärgerte, „jedenfalls keine aus dem Hawaiiurlaub zurückkehrenden, glücklichen Menschen." Geraden, erhobenen Hauptes stolzierte der ehemalige Rock'n Roll Star - einem im Gleitflug durch ein Tal schwebenden Adler ähnelnd und seine Arme gleich den schwingenden Flügeln des erhabenen Vogels hebend - durch die Messtür zur

Ganzkörperuntersuchung, woraufhin ein schrill klingendes Alarmsignal die bis dahin friedliche Atmosphäre störte. „Was fällt Ihnen ein, einen Revolver mit sich zu tragen - Herr Predley?“, stellte ein eiligst herbeigerufener FBI-Beamter Aaron zur Rede, „ich muss Sie wegen des Verdachts der Planung einer terroristischen Tat inhaftieren.“ Allein Larrys eingehende, plausible Erklärung, dieser Pelzfreak sei ein seltsamer Vogel - ein vergesslicher Antiquitätenhändler für rare Waffenexponate, konnten nach eingehender Prüfung der Personalien von Eddy den Beamten beruhigen und von weiteren polizeilichen Schritten abhalten.

Was nur könne seine neue Freundin dazu veranlasst haben, ausgerechnet einen Flug in das unsichere Israel zu buchen, fragte sich der ehemalige Rockbarde nervös, während er seinen Platz in der gehobenen Geschäftsklasse einnahm. „Wollen Sie Ihren Pelz denn nicht ablegen?“, unterbrach seine Gedanken ein freundlicher Herr am Fensterplatz der Sitzreihe. In einem Ohrläppchen trug der smarte, elegant gekleidete Geschäftsmann, der um die fünfzig Jahre alt sein mochte, einen mit einem Diamanten besetzten Sticker. „Ich hoffe, die Situation richtig einzuschätzen“, wohlwollend und interessiert betrachtete der Mann Aarons ungekämmtes, schweissnasses und verklebtes, volles Kopfhaar, „aber sind Sie wie ich vielleicht vom anderen Sternenufer?“ „Im Kosmos kenne ich mich recht gut aus, jedoch - ich bin nur ein irdischer Entertainer.“ „Da ich Ihre Person noch nie in den aktuellen amerikanischen Fernsehshows gesehen habe“, liess der kahlköpfige Freier nicht locker, „treten Sie eventuell in einem Etablissement auf?“, fragte er. „Als Sie sich in einem zarten, unschuldigen Bürschchenalter von zehn Jahren befanden, da habe ich bereits auf Hawaii per Satellit in einem Konzert eine Milliarde Menschen vor dem Fernsehgerät unterhalten“, platzte es aus Aaron heraus. protzte. „Er ist manchmal etwas durcheinander“, fuhr Martha, die in der Sitzreihe hinter Aaron Platz genommen hatte, dazwischen, „er verwechselt dann Dinge, irrt sich im Zeitgeschehen.“

„Wohl eher ein junger Alzheimerkandidat“, lächelte der Fremde verständnisvoll, „im AIDS-Zeitalter könne >Mann< eben nicht vorsichtig genug sein. „Aid!? Ich benötige keine Hilfe von Ihnen“, empörte sich der Geschasste und begann, um sich abzulenken, in einer Illustrierten zu schmökern. Nach einer ruhig verlaufenden, zweistündigen Flugzeit manöve-rierte der Kapitän den Airbus in eine leichte Seitenlage, flog eine Kurve, damit die Passagiere einen Blick auf die Skyline von New York werfen konnten. „In diesem Artikel steht, dass meine Ex-Frau unsere Honey Moon Villa in Beverly Hills für zehn Millionen Dollar verscherbeln will“, seufzte der Entertainer erstaunt auf das Panorama unter ihm schauend, „wo nur sind die Twin Towers abgeblieben, dear golden Martha?“

Aaron stöhnte über seinen knurrenden, hungrigen Magen. Das Paar hatte einige Stunden Zeit für einen Aufenthalt in New York City, bis der Anschlussflug nach Dubai startete. Sie waren in einen Linienbus, der sie zum Washington Scare Garden im südlichen Manhattan brachte, eingestiegen. Dort sassen sie nun gemeinsam in einem kleinen Lokal mit dem Namen „What?“ Der Künstler wunderte sich immer noch über den rasanten Steil - und Sinkflug der für ihn neuen Airbusse. Die Kisten aus seiner Zeit glichen im Vergleich dazu schwerfälligen und lahmen Enten. An-gestrengt blickte er auf die Speisekarte. „Ich vertrage diesen Falafelkram nicht“, bemerkte er beinahe verzweifelt zu seiner Reisebegleiterin, „dieser Kichererbsenbrei ist etwas für kranke Babybäuche“. >Falafel in Fladenbrot, gerollte Falafel mit Kraut, Falafel-Mais-Frikadelle, pürierte Falafelerbsensuppe< las er entmutigt auf der Karte. Erlöst bestellte Aaron endlich drei grosse Portionen >chicken in Falafelkruste< mit der Anmerkung, dass zwei Portionen an ihn gängen. „Woher willst du wissen, was ich essen möchte?“, ärgerte sich Martha, da er ungebeten über ihre Bedürfnisse bestimmte. „Du bist eingeladen“, redete er sich her-aus, „ich habe ein ganz anderes Problem. Als Zeitreisender verfüge ich über kein laufendes Bankkonto! Einige alte Dollars habe ich noch in der Tasche, aber dann bin ich pleite." Die Malerin nickte. „Deswegen habe ich kurz vor unserer Abreise einige diamantenbesetzte Goldklunker, die ich vor langer Zeit spasseshalber unter Kiessteinen in meinen Jungleroom versteckt hatte, mitgenommen", - er wies auf seinen Brustbeutel, den er mit einer langen Kordel um den Hals geknotet hatte, „den Schmuck können wir - das ist nur ein kurzer Fussweg von hier aus - bei einem Juwelier im Village verkaufen. Die Adresse kenne ich, weil ich in New York zwei wirklich dufte Konzerte gegeben habe." „Okay", erwiderte Martha. In einer sichtlich entspannteren Gemütsverfassung schaute der Musiker um sich. Früher hatte es an diesem Ort eine Menge kleinerer Läden gegeben, in denen Bücher, LPs und Antiquitäten angeboten wurden. Diese Geschäfte waren allesamt verschwunden. Vor vierzig Jahren spielten - so erinnerte er sich - auf den von den vielen Passanten plattgetretenen Rasenflächen Musiker auf der Gitarre Songs von Cat Stevens oder den Beatles. Marihuanaschwaden hingen in der schweren, schwülen Sommerluft. Einige der Cafehausbesucher lasen in Zeitungen, andere wiederum hielten ein Nickerchen. Was für ein nüchternes Panorama böte sich ihm jetzt, dachte er melancholisch gestimmt. Der Washington Square Garden schien im Gegensatz zum längst vergangenen Trubel fast menschenleer. Der Musiker entdeckte in der Ferne ein Geschäft, in dem moderne, bildende Kunst feilgeboten wurde, und ein Weinlokal für den gehobenen Gaumengenuss. Ansonsten war da schier nichts, was seine Aufmerksamkeit hätte wecken können. Traurig stimmte er eines seiner Lieder an, so *„You've lost that loving feeling. Baby, I get down on my knees to you, if you would only love me like you used to do. We had a love affair every day, but it's gone, gone gone and I can't go on ... there's no tenderness in your eyes. It makes me just feel I'm crying, because - baby - something beautiful is dying"*, erwiderte sie in einem leicht heiseren, fast gebrochenem Sprechgesang. „Hast du Familie, Martha?", fragte Aaron sie plötzlich. Er bemerkte erst jetzt, wie geschmackvoll sich die Frau trotz des eiligen, hektischen Aufbruchs aus Memphis gekleidet hatte. Unter einem dezenten, hellgrauem Flanelljarkett trug sie eine passende, zartrosafarbene Bluse und eine enggeschnittene, verwaschene hellblaue Jeans. „Meine Eltern haben sich sehr geliebt", antwortete die Frau, während sie noch kaute, aber beide Elternteile seien schon seit Jahren verstorben. Die Grossmutter väterlicherseits, welche ihr wirklich viel bedeutet habe, sei eine einfache, gläubige und warmherzige Person gewesen. Die mütterliche sei dagegen eine Dame von adeliger Herkunft und mit einem deutschen Nazi verheiratet gewesen. Wegen seiner Grausamkeiten habe diese andere Grossmutter schliesslich den Freitod gewählt. „Das tut mir leid für dich", bemerkte Aaron.

Schweigend begutachteten sie nebeneinander laufend die backsteinroten, weit über einhundertjährigen, alten Wohngebäude im Village, das so gar nichts Weltstädtisches an sich hatte, genossen die frühherbstlich bunten, liebevoll angelegten Vorgärten neben den breiten Treppeneingängen, bis das Paar durch die lauten Rufe von drei Jugendlichen aus ihrem idyllisch anmutenden Spaziergang gerissen wurden. „Verkaufst du mir deine scharfe Schlaghose, Daddy?", machte ein weisser Rapper im Ringelhemd - die Wollmütze tief in das Gesicht gezogen und auf Skateboards balancierend - den Sänger an, „entweder du bekommst von mir jetzt eins in die Schnauze oder du erhältst für zwei Dollar als Gegenleistung eine Gesangsprobe gratis!" Sofort stimmten seine Begleiter - ein junges, farbiges Pärchen - in einen rhythmischen Sprechgesang ein:

> Du glaubst wohl, du bist etwas Besseres/
> Doch ich sage dir, du bist ein armer Teufel/
> Du kommst in deinem geilen Cadillac daher/
> Und klimperst mit deiner goldenen Kette/
> Doch ich schlage dir die Nase blau/
> Und jage dich in die öde Steppe/

Da sitzt du nun einsam in der Falle/
Hast Hunger, schreist und fluchst/
Doch niemand kommt in einem Cadillac/
Um dir zu helfen in der Not/
frisst du die Kakteen und deine goldene Kette!

„Well, der Blues fliesst nicht in euren Adern, aber Kreativität sollte immer belohnt werden“, lachte Aaron, „noch vor wenigen Jahren - dies geschah bei meinem TV-Comeback - war ich wirklich >*evil*<, kids! Ein Knackarsch in roter Lederhose!“ Aus seiner Pelzmanteltasche zog der Musiker ein paar Geldscheine, die er dem farbigen Mädchen gab. Amüsiert starrte er auf ihre gepiercte Oberlippe, die von mehrerer vergoldeten Ringen durchlöchert war. „Kannst du mit diesem afrikanischen Ritual küssen?“, fragte er frech.

V.

Spät am Abend startete ihre Maschine. Eine Frauenstimme aus dem Cockpit stellte sich den Passagieren über die Lautsprechanlage als Kapitänin dieses Flugzeuges vor. „Mit einer Frau am Steuerknüppel fliege ich nicht!“, protestierte der Entertainer ängstlich, „kommt es heute häufiger vor, dass eine Frau diese Technik bedient?“ „Die Bewegung der >*women’s liberation*< , die in deinen letzten Schaffensjahren gerade erst begonnen hatte, durchzustarten, hat inzwischen längst bemerkenswerte Früchte davongetragen, guter Mann!“, erwiderte Martha kühl, „in deinen seltenen Pressekonferenzen hast du sexy in die Kameras geblinzelt, nur deine neue Hosengürtel präsentiert“ „Dort habe ich über meine Musik gesprochen“, verteidigte sich Aaron. Martha hockte in ihre Gedanken versunken am Fensterplatz und sah auf das Dunkel - den atlantischen Ozean, der sich unsichtbar unter ihnen ausbreitete. „Ich möchte mich bei dir entschuldigen“, unterbrach der Musiker vorsichtig ihr Schweigen. „Wofür?“ „Dafür, dass du mich wochenlang aufgepäppelt hast. Dabei habe ich nie nach deinen Bildern gefragt. Was malst du eigentlich für Dinge?“, fragte er sie beinahe schüchtern. „Katzen“, antwortete sie, „diese Tiere sind häufige Motive von mir. Ich mag es, dass der Mensch nicht vorausahnt, welche nächste Unternehmung sie im Schilde führen. In einem Moment wollen sie deine Nähe und umgarnen mit ihrem warmen Pelz deine Waden. Im Nu bist du vergessen, und das Tier schnuppert an einem gewöhnlichen Stein oder einer schlichten Blume. Ich mag die Katze, weil sie für mich nicht nur ein Rätsel an Intelligenz und Instinkt darstellt, sondern sich selbst genügt.“ „Katzentiere sind verfressen und poppen unentwegt“, erwiderte Aaron ungerührt. „Dann male ich Landschaften“, Martha blickte weiter in die Dunkelheit, „etwa vereiste Winterlandschaften, in der die Seele friert.“ „Wenn die Eiszeit vorüber ist, wird auch die Seele in der Landschaft auftauen“, lachte der Musiker in sich hinein, „verzeih', ich habe ein gemeines, egozentrisches Wesen.“ „Aber kein schamloses und egoistisches Wesen!.“ Die Ansage einer brünetten, ansehnlichen Flugbegleiterin unterbrach beide: „Sie können jetzt unser >*movie on board*< benutzen und zwischen zwei Filmen ihrer Wahl entscheiden. Währenddessen werden ich Ihnen ihr Flugmenü samt Erfrischungsgetränk servieren“, säuselte die junge Frau, die sich das Haar im Look der sechziger Jahre toupiert und zu einer hohen Tolle hochgesteckt hatte, in das Bordmikrophon. Der Sänger starrte die im Gang stehende Frau gebannt an. Unbeeindruckt von seinen Werbeversuchen startete Martha mit dem Filmprogramm. Der Kinotitel >*Live a little, love a little*< flackerte über die an der Decke angebrachten Leinwand. Interessiert verfolgte sie die Story, in der ein in verschmutzter Kleidung fescher, dunkelhaariger Kerl in einem auffälligen, leuchtend gelbem Jeep eine sonnenüberflutete, kalifornische Landstrasse entlangrast, vor einem gewöhnlichen Apartementhaus stoppt, um dort von einem frechen Bengel mit einer Spielzeugpistole abgefangen zu werden. Seine mollige Mutter - nur spärlich bekleidet - vermutet in dem Eindringling einen poten-tiellen Vergewaltiger und bedroht ihn mit einer Nudelwalze. „Shit!“, mokierte sich die Malerin über den inszenierten Blödsinn aus den späten sechziger Jahren, obgleich sie heftig lachen musste. „Geben Sie mir einen >*banana drink*<, hübsche Frau!“, süssraspelte der Sänger, „legen Sie das Fischfilet bitte zurück! Ich vertrage leider keine Eiweissprodukte. Geben Sie mir doch stattdessen das leckere Schokoladencroussant!“ „Du musst wahnsinnig sein, derart viel Zucker in dich hineinzustopfen“, fuhr seine Sitznachbarin ihn an. „Kannst du nicht endlich damit aufhören, mich therapieren zu wollen“, schimpfte Aaron für die anderen Fluggäste unüberhörbar, „ich bin nicht dein Pantoffel und leide laut ärztlicher Diagnose an einem tödlichen Alpha 1-Antitrypsinmangel. Meinem Körper fehlen die Enzyme, die den Eisweissabbau hemmen. Ich verdaue, fresse mich selbst auf! Dabei werde ich immer fetter und zerfalle. Aus diesem

Grund bin ich gestorben, Goldmarie!“ Die Flugbgleiterin, die an ihrem Gedeckwagen hantierte, zuckte zusammen. „Darf ich Sie - schöne Frau - nach dem Flug zu einem Drink einladen?“, fragte die Musiklegende. „Nur, wenn Sie so schön und lebendig wie dieser Filmheld auf der Leinwand wären“, wies sie den Verdutzten ab. „Warum werden nicht in diesem blöden Luftbus meine guten Filme - zum Beispiel >*Jailhouse Rock, King Creole oder Heartbreak Hotel*< - gezeigt? Oder meine hervorragenden Rockabilly- und Dixielandnummern?“, brüskierte er sich. „Dieses Mal muss ich mich bei Dir entschuldigen“, das Gesicht der Malerin hatte einen sehr ernsten, tottraurigen Ausdruck angenommen, ich wusste zu wenig von Ihrer Erkrankung, Mr. Predley!“ Martha drückte auf den Startknopf zu dem zweiten Film, in der sich drei begehrenswerte Mädchen in einer Arztpraxis vorstellen. „Die Szene mit dem Stereoskop mussten wir fünfmal drehen. Jedes Mal habe ich mich in diesem Ding verheddert, als ich den Herzschlag auf dem Frau-enbusen abhören sollte. Was für ein verklemmter Scheiss! Immerhin bringe ich in diesem Film ein autistisches Kind zum Sprechen!“ „Wie das?“ Martha stutzte ungläubig. „Indem ich ihr meine Liebe zeige“, erwiderte Aaron, welcher seine Fassung wiedergefunden hatte, mit einem Augenzwinkern. „Du spielst einen pädophilen Arzt?“ „Du hast recht, in diesem Lachfilm wird alles Echte verkleistert. Du fragst dich bestimmt, wo in ihnen der Rebell der fünziger Jahre geblieben ist?“ „Nein, du spielst gut. Du bist richtig lustig. Der Lebemann, der sich als Fotograf durchschlägt und in einem schicken Anzug in einer heissen Sauna mit einem Pornoverleger streitet, ist einsame Klasse!“ „Verspotte mich nicht! Du weißt, dass ich zwei Gesichter habe. Das eine weiss um seine begnadete Anziehungskraft. Das andere nutzt diese kommerziell aus. Dabei besitze ich ein einfaches Gemüt - ich bin verträumt, ein Fischemond - verloren, zugleich aufgehoben in der Welt der Poesie.“ Ein schriller, unangenehmer Klingelton schreckte das Paar auf. „Wegen eines leichten Maschinenschadens“, unterrichtete die Kapitänin ihre Passagiere,

„müssen wir leider auf den Kanaren zwischenlanden. Es besteht dennoch kein Grund zur Beunruhigung.“ „Im Schockzustand kaum noch bei Bewusstsein“, erzählte der Fischemond, „konnte ich am Boden liegend noch wahrnehmen, wie sich mein Körper das letzte Mal aufbäumte und ich mir die Zunge zerbiss.“

Die Maschine war sicher auf der Insel Gomera gelandet. Kurzerhand beschlossen Aaron und Martha, einen Zwischenstop einzulegen und hatten sich in einer kleinen, felsigen Bucht im Norden der Insel eingemietet. „Angesichts der spanischen Finanzkrise kann man hier jetzt preiswert ein Häuschen ergattern“, bemerkte Martha. Barfuss lief die Frau durch den lauwarmen, fast schwarzen und erdigen Sand. Wie eine aufgeregte Häsin schlug sie unsinnige Haken und wühlte mit ihren heftigen Schritten die Stranderde auf, „das ist zu haben, weil die Bewohner nach ihrer Zwangsversteigerung nun in einem Wohnwagen leben müssen.“ „Dein Zynismus ist unmöglich“, rief ihr der Zeitreisende zu. Marthas Notebook auf den Knien haltend schaukelte er in einer Hängematte auf der Terrasse vor dem gemieteten Apartement, blickte auf das sich sanft kräuselnde Meer, genoss die heisse, afrikanische Sonne, die seinem ermüdeten Körper neue Energien zu verleihen schien. „Sieh' nur, Marshmarigold! Unser deutscher Nachbar hat auf seinem Balkon Marihuana angepflanzt.“ Die Malerin winkte entschieden ab. „Kein Bedarf!“ Was für tolle Muscheln hier zu finden seien, stellte sie glücklich fest, welch' seltsam urige, skurile Formen und anmutige, rötliche Verfärbungen diese besässen. Vorsichtig berührte sie die kalkhaltigen Gebilde mit ihren Fingerspitzen. Wie stark, gleichsam zerbrechlich sie wirkten. Warum nur würden die Menschenwesen ihre Häuser nicht nach diesen phantastischen, natürlichen Vorbildern konstruieren und bauen, fragte sie sich, in dieser vulkanischen Erde schienen ihr Anfang und Ende miteinander verschmolzen zu sein. „Hey, junger Mann“, wandte sich Karl im fliessenden Englisch redend und vor dem Gerüst seines Balkons stehend an seinen Nachbarn aus den

USA zu. „was halten Sie von einer Wanderung unter meiner professionellen Führung durch diese wunderbare Insellandschaft? Ihre Leibesfülle schreit geradezu danach!“, rief der deutsche Aussteiger. „Mein Gewicht geht Sie gar nicht an!“, bedankte sich Aaron lautstark, dennoch höflich bei Karl, „ich schlage lieber vor, gemeinsam diesen edlen Tropfen von einem guten, spanischem Rotwein zu leeren, der auf dem Küchentisch auf sein Ende wartet.“ Das liess sich der Routenführer nicht zweimal sagen. Wenige Minuten später hatte der spindeldürre, blondlockige, etwa vierzigjährige Routenführer die von Aaron spendierte Weinflasche entkorkt. Mit sich und der Welt versöhnt genossen die beiden Männer das herbe, fruchtige Getränk. „Bald muss ich diesen Planeten wieder verlassen“, der sinnlich gestimmte Künstler strengte sich nicht an, seinen angetrunkenen Zustand zu verbergen, „mein Herz ist kaputt wie das defekte Kugellager eines Motors.“ „Ich hatte ein berufliches Burn-out. Vor einem halben Jahr habe ich den Job und meine Freundin in den Wind geschossen, um auf dieser Insel wieder zu mir zu finden“, gestand der alkoholisierte, neue Freund. „Sieh’ doch her, Karl! Das tolle Löwenbaby - das ist meine erwachsene Tochter, die ich seit ihrem neunten Lebensjahr nicht mehr gesehen habe und an die ich doch fortwährend denken muss. Hier singt sie mit mir zusammen“, Aaron wies auf eine gegoogelte Videoaufnahme in Marthas Notebook, „es handelt sich um eine nach meinem Ableben erstellte Bild- und Tonmontage - meinen Song *„In the ghetto“*!“ Stolz blickte er auf den Bildschirm des PCs. „Die Kleine singt gar nicht mal übel“, sagte der Deutsche und nahm einen grossen Schluck aus seinem Glas, „du hast Glück, Eddy! In meiner Person steht jemand vor dir, der ausschliesslich an die Wiedergeburt glaubt. Obgleich ich ernsthaft davon ausgegangen war, dass >Mensch< nicht in derselben Gestalt wiederkehrt. Sei mir jetzt bitte nicht böse“, Karl mimte eine besorgte Miene, „bist du etwa ein bisschen schizo? Wenn du wirklich der wiedergekehrte Elvis sein solltest - , ja dann müsstest du auch meinen Lieblingssong kennen. Der heisst: >*You gave me a mountain*<."

„*Born in the heat of the desert/ my mother died giving me life/ deprived of the love of a father/ blamed for the loss of his wife/ you know, lord, I've been in a prison/ for something I never done/ It's been one hill after another/I've climbed them all one by one*", tönte Aarons gewaltiges Stimmvolumen von seiner Terrasse aus hinaus auf den Atlantik, „*but this time, lord, you gave me a mountain/ a mountain you know I never climb/ It isn't just a hill any longer/ you gave me a mountain this time*" Fassungslos starrte Karl auf die entleerte Weinflasche. „Als gelernter Produktmanager muss ich dir mit Bewunderung mitteilen, dass die Mar-kenware >Elvis Presley< das erste, perfekt durchgestylte Musikprodukt unserer modernen Medienwelt gewesen ist", versuchte der Deutsche sein nervöses Zittern zu verstecken, „und ein Vorbild wurde für viele, welche in seine Fusstapfen getreten sind. Etwa David Bowie, Freddy Mercury oder Michael Jackson." Danke für die Blumen", freute sich Aaron, „hätte ich dieses beizeiten gewusst, wäre mir am Ende meiner Laufbahn wohler um's Herz gewesen. Gefürchtet habe ich mich - weil ich aus diesen armseligen Verhältnissen kam - wieder als ein Niemand aus dieser Welt zu scheiden. Lass' die Schneckengehäuse am Strand liegen, Martha! Ich mag keine Muschelsuppe!" „Die ist auch nicht koscher!", wütend stapfte seine Freundin die vier Stufen zur Terrasse hoch, „zwölfmal habe ich ihn in Gedanken sterben lassen?" „Wen?", fragte der Deutsche bestürzt. „Meinen Ex", antwortete sie unverhohlen, „für jedes verlorene Jahr mit ihm einmal!" „Schön, dass du da bist", begrüsste sie der Musiker und schloss sie zärtlich in seine Arme.

„Wie hast du deine verflossene Liebe denn sterben lassen, Martha?", in seiner lyrisch anmutenden Baritonstimme, welche die Töne in einem warmen, zarten Schmelz aufgehen liess, summte der

Künstler vergnügt die Liedmelodie von >*Falling in love with You again*<. Erwartungsvoll wie ein hungriger, feister Kater blickte er artig auf seinen leeren Teller. „Ein knuspriges Omelett mit geraspelten, frischen Möhren und geschnittenem, saftigen Porree wird uns jetzt gut tun“, eilig goss Martha die flüssiger Eiermasse in das siedend heisse Fett, welches in der Pfanne auf dem Herd brutzelte. „Jene Liebe -tja - die ist an einer süssen Waffelcreme erstickt, von einer Blechgarage in einem Hurricane erschlagen worden. Sie ist durch einen Blitzschlag verbrannt, an einer harmlosen Virusinfektion verstorben, an einem banalen Herztod verstorben und nach einem heftigen Beinkrampf im Meer versunken. Dann ist sie bei Eiseskälte im Suff im Park erfroren, aus grosser Höhe aus einem Karussel gefallen, schliesslich von einem Auto erfasst und überfahren worden.“ Die Malerin hielt inne, nippte an einem Glas mit frisch gepresstem Orangensaft. „Drei Todesumstände fehlen noch!“, rief der hungrige Mann gespannt. „Ein Blutbad interessiert mich nicht“, überlegte sie angestrengt. „letztendlich durch einen Skorpionstich vergiftet worden, den Spätfolgen der Syphilis erlegen und versehentlich in eine Hackselmaschine geraten.“ „Kannst du ihm nicht verzeihen?“ „Nie und nimmer“, sagte sie.

Der Musiker hatte sich auf Geheiss seines deutschen Freundes in der Hauptstadt der Insel - in St. Sebastian - zeitnah und modern eingekleidet. Aaron trug nun einen salopp geschnittenen, hellgrauen Anzug, ein unauffälliges, weisses Oberhemd mit einem dunkelblauen Halstuch, dazu sportliche, schwarze Galoschen. Im Hafen von St. Sebastian hockte er zusammen mit Karl auf dem Rand eines Schiffssteges und liess entspannt die Beine über dem Meerwasser baumeln. Die beiden Männer horchten in den leisen Wind, dem regelmässigen Flattern der an den Mast schlagenden Segelschiffplanen zu. „Es klingt wie ein ungemein beruhigendes Aufbäumen und darauffolgendes Wiedernachgeben, als wenn die vergehende Zeit endlich zu deinem Freund würde“, bemerkte Karl, „Übrigens habe ich immer angenommen, dass es sich als dicker Sänger besser und leichter singen lässt.“ „Das ist nicht falsch! Denn auf die Dauer ist es anstrengend, Abend für Abend perfekte Liebeslieder auf das Bühnenparkett zu schmettern. Ich habe mich immer bemüht, so etwas wie >*soulness*< in meiner Stimme mitschwingen zu lassen. Zu viele Livekonzerte saugen dich aus. Kritiker haben mich am Ende aufgrund meines desolaten Zustandes für manisch-depressiv gehalten. „Waren es nicht doch die vielen Pillchen?“, wagte sein neuer Freund zu fragen. „Natürlich waren es auch die Schlaf- und Schmerztabletten!“ „Elvis - die Performance deiner Shows war genial, aber die Ziffern der Zeitgeistuhr ticken heute ganz anders! Sie zeigen nicht mehr auf die >*big emotion*< der siebziger Jahre. Auch die Zeiten der phantastischen Superbands - so >*Fleetwood Mac, Chicago, The Doors, Santana, Pink Floyd oder The Police*< - sind längst Musikgeschichte!“ „Und was ist aktuell?“ „Vielleicht sind es leisere Balladen mit einer ganz individuellen Note! Den Zeitgenossen bläst ein bescheidener Wind ins Gesicht. Ein guter Job, eine schöne Reise, ein voller Kühlschrank - das reicht! Als gute Tat, als ökologischer Beitrag zur allgemeinen Verbesserung der CO_2-Klimabilanz möchte ich dir und Martha vorschlagen, den Flug zu verschieben und stattdessen von diesem Hafen aus nach Marseille zu segeln. Ein französisches Ehepaar, mit dem ich befreundet bin und welchem ein grösseres Segelschiff gehört, das hier ankert, hat uns zu der Spritztour eingeladen.“ „Sind Dollars willkomen?“ „Klar. Die europäische Währung - der Euro - ist gerade im Begriff, sich in einer Schwemme an billigem Geld aufzulösen.“

„Ich bin Zine“, hiess der Franzose seine drei Gäste an Bord seines Schiffes willkommen, „dies ist meine langjährige Partnerin Vera.“ Er wies auf eine grazile, dunkelhaarige Frau, die freundlich winkend auf dem Vorderdeck des gepflegten Holzbootes stand. „Wir werden nahe an der afrikanischen Küste entlangschippern. Im Notfall - bei Sturm oder einem defektem Segeltuch - wird uns ein elektrischer Bordmotor weiterhelfen. Um es gleich klar auszudrükken: Als Steuermann und Kapitän gebe ich allein die Kommandos und entscheide, was zu tun ist. Niemand anderer!“ Keine ruhige Minute werde er in dieser elenden, engen Schlafkoje - zusammengepfercht neben Martha - haben, dachte Aaron empört. Falls ihn der Bordkoller ereile, bot Karl ihm seine Hilfe an, dürfe der Musiker ihn wecken. Zine, erklärte er, sei einmal ein begnadeter Fussballer und beinahe so berühmt wie Elvis gewesen. Aber nur fast. Unendlich tief sei er gesunken, stellte der untröstlich traurige König des Rock'n Roll fest, schippernd auf wankenden Bootsbrettern in der afrikanischen Provinz und in Begleitung eines dubiosen Ballartisten, einer von allen guten Geistern verlassenen, selbsternannten Schamanin und eines liebenswürdigen, leichtsinnigen Aussteigers. Unerwartet erklangen vom Aussendeck die harmonischen Akkorde einer akustischen Gitarre und dazu die helle, klare Stimme von Vera.

Vor marokkanischen Klippen war das Boot vor Anker gegangen. Im lauwarmen, ruhigem Meerwasser vergnügten sich Aaron und Vera, indem sie - sich eng umschlungen haltend - kreischend ab- und auftauchten, sich gegenseitig als Wasserleiche durch die leichten Wellen zogen. Was für alberne Kindereien das seien, dachte der Franzose erbost, der Dicke halte sich für unwiderstehlich. Für die Morgentoilette brauche dieser eingebildete, eitle Kerl eine Unendlichkeit, belaste mit seinem für alle hörbar lauten Gurgeln, Frisieren, Rasieren und einer ausgiebigen Hautpflege unnötigerweise ihre knappen Wassereserven. Er sei ein Faulpelz, mache nichts, ausser zusammen mit Vera auf dieser entsetzlichen Gitarre herumzuklimpern und die anderen mit ihrem Minnesang *„Love me tender, love me sweet/ never let me go/ you have made my life complete and I love you so“* zu nerven. „Du hast den Sonnenschutz vergessen, Zine!“, rief Karl dem eifersüchtigen Kapitän zu, dessen Vollglatze in der Sonnenglut bereits gefährlich in knallroter Farbe glänzte. Mit angeekelter Miene entleerte der Deutsche einen Plastikbehälter aus dem Gemeinschaftsklo im Meer. „Sag' mal, geht's noch?", brüllte der Amerikaner, „kannst du dir dafür nicht einen anderen Zeitpunkt aussuchen?" Mühselig angelte sich der schwergewichtige Aaron an der Bordleiter zum Deck empor. Mit einem heftigen Kinnhaken liess der Franzose den wehrlosen, vom Schlag getroffenen Mann zurück ins Wasser plumpsen. „Glaubst du wirklich, dass du dir als US-Amerikaner alles erlauben kannst?", schnauzte der Sportsmann algerisch-arabischer Herkunft, „ohne mit der Wimper zu zucken, hat euer Militär ein ganzes Land - den Irak - plattgemacht." „Jetzt bitte keine Demonstration deiner bekannten Leidenschaft für den Karatesport! Bitte ein freiwilliger Verzicht auf eine Retourkutsche, Eddy!", versuchte Karl eine drohende Eskalation zu verhindern und zog er den Benommenen an Bord. „Zarathustra, bitte sei lieb! Du hast jetzt die Wahl zwischen einer klugen und einer törichten Entscheidung. Von dem persischen Propheten als der Zwiespalt zwischen dem >ahura masda< und dem >angra manju< genannt. „Lass den Blödsinn, du Spassvogel", stöhnte Aaron, „es war eine klassische Komposition von Richard Strauss, die meine Show vor vierzig Jahren einläutete. Der jahrtausendealte Widerstreit zwischen grosser Leidenschaft und echter Liebe sollte damit thematisiert und das Motto meiner Show sein. „Der Typ wird ja immer toller", grummelte Zidane zornig.

Vor dem Fussballer auf der Hut verzog sich der Gerügte unter Deck - in die Bootsküche zurück, wo Martha einen frisch geangelten, ausgenommenen Hecht in einem Bräter dünstete und schmorte. „Mit dem Franzosen ist nicht zu spassen", warnte sie ihn. „Das war doch nur eine harmlose Spielerei", beklagte er sich bei der Malerin, die ihm einen nasskalten Lappen reichte, mit dem er sich seine demolierte, geschmollene Wange kühlte. *„We are going through the world with a special smile, aren't we?"*, lächelte er verzagt und blickte zerstreut auf die Kombüsenbank neben sich. Dort hatte

Martha ihren Szizzenblock abgelegt. „Warum“, fragte er, „malst du schon wieder eine langweilige Sonnenblume mit riesigen Kernen?“ „Weil die mir schmecken“, erwiderte die „gibt es wirklich keine Heilung für deinen gentischen Defekt?“ „Nein, es fühlt sich an, als hätte ich Knochenkrebs. Das gleiche Dilemma hat einst meine Mutter - diese treue Seele - durchgemacht. Bist du eigentlich nie eifersüchtig, Martha?“ „Ich habe mich einfach dazu entschlossen, es mir abzugewöhnen“, behutsam wendete sie den süss und verlockend duftenden Fisch in der leise knisternden Pfanne, „ich habe einige Zeilen für dich geschrieben. Das Blatt Papier liegt - wenn du Lust verspüren solltest, meine Worte zu lesen - unter der Zeichnung.“

Sich wiedererkennend in seinen wild leuchtenden Augen
und in seiner ganzen Zärtlichkeit
taut die gefrorene Erde.
Während der Adler über die eisigen Felsklippen fliegt
und sicher auf einem Steinturm landet
zerbricht sie in tausende, gläserne Splitter.

Ihm nah streicht sie über sein schwarzes Haar
und seinen müden Rücken.
Während seine Hand die ihre ergreift,
beobachten sie den gehenden Frost.
Eine Wolldecke schützt die Knie, die Zehen, den Bauch -
jetzt bist du erreichbar!

Fortan ziehen in der Nacht zwei Tiger
gemeinsam ihre einsamen Pfade entlang.
Festgehalten und losgelassen
in den unendlichen Fluten des Ozeanes
lauschen sie den letzten, fallenden
Schneeflocken.

„Ist dir immer kalt?“, fragte er Martha, sich den Schweiss unter der nordafrikanischen Sonne mit einem Taschentuch von der Stirn wischend.

VI.

„Hey, wir haben es mehr als vierzehn Tage miteinander ausgehalten. Ich möchte dir zeigen, wie man heutzutage viel, viel Geld verdienen kann“, lud der Franzose den Amerikaner - in Marseille angekommen - zu einem gemeinsamen Ausflug ein. Die engen Strassen im alten Hafenviertel der südfranzösischen Stadt waren übersät mit Glasscherben. „Da haben verärgerte Globalisierungsgegner ihren Zorn an den Fensterscheiben der Bankfilialen ausgelassen“, erklärte Zine seinem Gast. Der beobachtete das hektische Treiben in den Gassen der Altstadt. „Ich habe den Eindruck“, bemerkte er zu Zine, „dass die Menschen sich viel schneller bewegen als noch zu meiner Zeit. Und doch haben die vielen, kleinen Kneipen, die schmalen und steilen Treppenstufen der Gassen und die verspielt, phantasievoll dekorierten Läden etwas vom Treiben in meinem von mir geliebten New Orleans.“ In dieser Sekunde wurde Aaron klar, dass die meisten seiner alten Freunde - wenn sie denn noch leben mochten - jetzt um die siebzig, achtzig oder neunzig Jahre alt sein müssten. „Die Altstadt von New Orleans hat vor wenigen Jahren hat ein Hurricane verwüstet“, belehrte ihn der ehemalige Profifussballspieler. Der Amerikaner war derweil in einem arabischen Shuk abgetaucht, wo er begeistert Honigmelonen, Ananas, Paprikaschoten, Zuchinis, Auberginen, Tomaten und allerhand Nudelware in die Einkaufstüten pfropfte. Mit prall gefülltem, umweltschonenden Kartonpapier beladen verschwanden die zwei ungleichen Männer in einem dunklem Hinterhof des Marseiller Hafenviertels. Ein Fahrstuhl beförderte die beiden in den fünften Stock einer äusserlich verwahrlosten Fabriketage. Eingeschüchtert blickte Aaron auf den durchtrainierten, muskulösen Körper des Sportlers und erinnerte sich wehmütig an seine Jugendzeit, in der er in der Filmrolle des Kid Galahad - schlank und drahtig - im Boxring kämpfen und siegen durfte. Als sich endlich die Fahrstuhltür öffnete, schossen den Männern vier Knaben im Alter von sechs Jahren wie Indianerpfeile entgegen. „Bereits zwei unendliche Stunden warten wir auf dich, Papa!“, entgegnete der älteste der Sprösslinge unge-duldig. „Das hier sind meine zwei Söhne“, bemerkte Zine stolz, „wir casten gleich ein Werbeprodukt. Wenn du möchtest, kannst du uns zuschauen.“ Eilig verschwand der Fussballer mit seinem quirligen Nachwuchs im Zuschauerraum, währenddessen sich Aaron aufgrund der vielen, irdischen Eindrücke erschöpft an eine Wand des weiträumigen, frisch getünchten Aufnahmestudios lehnte, um sich zwischen den gefüllten Gemüse- und Obsttüten auf den Boden gleiten zu lassen. In dem saftgrün gestrichenen Raum sitzend, fühlte er sich bald wie auf einem echten Fussballfeld, auf dem nun ein mit einem geblümten Trikot bekleideter Vater mit seinen aufgeweckten Söhnen eifrig um einen Ball herum dribbelte und sich obskur anmutenden, tänzelnden Bewegungen hingebend fröhlich in die Kameralinse der asiatischen Fotografin grinste. Fasziniert von der Synchronshow fünf hellblauer Turnschuhpaare begann Aaron enthusiastisch in die Hände zu klatschen und die Rockballade *„You can have everything except of my blue suede shoes“* zu singen. Die Sportlerfamilie war bereits in ihre Kabine zurückgekehrt, als die Fotografin auf den Amerikaner zutrat und ihn freundlich anlächelte. „Excuse me, Mr. Predley, but you have such a wonderful, charming timbre in your voice. Today - you know - we produce our excellent shoes in nations like Vietnam or Cambodia. Finally China is our best customer and an expanding market. However - we need a special actor in our public compain. We think about a figure like >buddha<. I'm sure you will be the right person and the perfect choice for this deal. What do you think about three thousand dollars for some photos and a short film broadcasted world wide? The only thing you'll have to do will be to wear our light blue sniekers and to show our new, exclusive parfume called >buddha<. Would you agree to be bare-bosomed?“ „Yes“, antwortete Aaron mit einem Strahlen auf den Lippen, „that's okay!“ „Further on - the only thing you'll have to do - is to take away your terrible butterfly-glasses and to sing in a friendly way the word >phantastic<!“

„Benötigst du eventuell einen Bodyguard, Herzensbrecher?“, fragte Karl den Musiker am Flughafenschalter in Marseille, „gerne würde ich euch beide nach Dubai begleiten.“ „Wieso das?“, erwiderte der, „da laufen doch nur reiche, langweilige Leute herum. Ausserdem ist meine Person längst vergessen. Im Falle, dass du dich auf deiner spanischen Insel zu Tode langweilst - okay!“ Kreidebleich kam Martha aus der Damentoilette. Sie mochte vor den beiden Männern nicht zugeben, dass sie vor jedem Flug eine höllische Todesangst überfiel. „Angesichts deiner miserablen Verfassung, liebstes marshmarigold - sollten wir es uns nicht lieber in einem Dampfbad einer isländischen, heilenden Quelle gemütlich machen oder in einer komfortabel ausgestattenen Holzhütte in Norwegen?“, fragte Aaron, der missmutig sein Gepäck eincheckte. Jedes andere Reiseziel schien ihm jetzt einsichtiger, als ausgerechnet dieser Flug in die Wüste, wo Marthas Cousin am Persischen Golf nach Perlen fischte. „Die Vereinigten Arabischen Emirate werden in naher Zukunft mit ihrer Erdölproduktion alle Reserven ausgeschöpft und am Ende sein“, stimmte der Deutsche in den gemeinsamen Unmut ein, „wir sollten, um unser irdisches Klima vor weiteren Treibgasen schützen, mit einem banalen Zug in die französische Normandie fahren, anstatt in der Wüste auf gequälten Kamelen zu reiten?“ Entzückt begann der Sänger mit seinen knabenhaften, hellblauen Turnschuhen, die in keiner Weise zu seinem eleganten Anzug passten, zu wippen, seine molligen Hüften im Rock'n Roll-Rhythmus zu wiegen und *„Let's take this mystery train to Georgia“* zu intonieren, infolgedessen mehrere Fluggäste erschrocken aufblickten, um nach der Quelle für dieses ausserordentliche, unerwartete, menschliche Stimmvolumen zu forschen. Das Flugzeug werde auch ohne eine wandelnde Musikbox starten, sagte sich Martha, die erneut eine schreckliche Übelkeit verspürte.

„Die Schari'a verbietet es dir, in Dubai öffentlich eine Frau zu küssen", bemerkte der neue Bodyguard spitzzüngig, „dieser an sich Zärtlichkeit ausdrückende Vorgang gilt dort als strafrechtliches Vergehen und kann mit einer Gefängnisstrafe geahndet werden." Könne der Mann nicht endlich einmal ruhig sein, sagte sich der Musiker entnervt und blickte - wie es sonst Martha immer tat - am Fensterplatz versonnen in das helle Weissblau, welches sich um ihn herum auftat. Die Kleine sähe richtig krank aus, rätselte er um die angeschlagene Gesundheit der Malerin. Er dachte an die leckeren, knusprigen Auberginescheiben, welche die Frau noch spät am gestrigen Abend auf dem Segelschiff des Franzosen für ihn frittiert hatte, damit er nur keine Eiweissprodukte ässe. Mit einem schlechten Gewissen sah er zur Bordtoilette, in der sie seit geraumer Zeit mucksmäuschenstill verweilte. „Vermutlich besitzt Martha einige ungelöste, familiäre Probleme in dem Rucksack, mit dem sie durch ihr Leben wandert." „Wer kann schon von sich behaupten, dass er die nicht hat!?", antwortete Karl schnippisch, „sind wir nicht alle – jeder auf seine Weise – ein bisschen seltsam?" Nach dem Tod der Mutter habe sie einfach Frankreich verlassen und sei in die USA gegangen, um dort ein neues Leben zu beginnen, erzählte der Sänger. Ihm fiel das melancholisch gestimmte Bild ein, welches frühmorgens plötzlich auf ihren Malskizzen lag und ihm sofort gefallen hatte. Es zeigte eine pralle, orangerote Sonne, unter ihr ein aufgewühltes, jedoch verschwiegen wirkendes, graugrünes Meer, am Strand liegend ein grosses, feuerrotes Langustengetier. Er rief sich die Zeilen, die Martha auf einen Zettel flüchtig niedergeschrieben und anschliessend zerknüllt liegengelassen hatte, in sein von auswendig gelernten Liedertexten trainiertes Gedächtnis:

Seid in der Hut vor Lilith! Denn die ist es gross
und zeigt Euch ihre spitzen Zähne.
Sie beisst gnadenlos zu, denn Zerberus
erzählte ihr von der Mutter, die erschöpft gegangen

nun endlich versöhnt scheint. Du hast sie nicht gewollt,
liebe Schwester. Erst jetzt
zeigst du ihr dein freundliches Gesicht.
Die Liebe des toten Vaters kannst du ihr nicht stehlen,
verhärtetes Bruderherz. Schlaftrunken
rekelt sich die elegante Katzendame. Erwachend
aus ihren Träumen lauscht sie hellsichtig
in das Schweigen. Eine Kachel aus Ton
ziert die leere Zimmerwand. Es ist ein Schachbrett
eingerahmt von weinroten Vorhängen.
Hinter dieser Bühne des Lebens, dachte Lilith,
steht die Freiheit!

„Ich bin froh darüber, dass wir mit Zine und Vera trotz der Meinungsverschiedenheiten mit einem herzlichen Händedruck auseinandergegangen sind“, leichenblass, in sich zusammengesunken kauerte Martha auf ihrem Sitz. „Handelt es sich bei der schweren, hölzernen Duftnote, mit der du mir die Sinne vernebelst um ein neues Parfume von dir?“, fragte sie. „Sozusagen“, nuschelte der Musiker. Zwei Reisegruppen - eine chinesische, eine brasilianische, welche in Rom in das Flugzeug dazugestiegen waren, machten mit ihrer lauten Konservation eine weitere Unterhaltung unmöglich. „Ich habe es gewusst“, tönte und turnte eine weisshaarige Frau durch die randvoll gefüllten Sitzreihen. Mit ihrer billigen, plastikgelben Brille, hinter der ihre kleinen, flinken Augen hervorblitzten, starrte sie wie unter Strom stehend Aaron an, „seit ihrem Gesang in der Airporthalle erlebe ich den leibhaftigen Elvis! Es ist also wahr - die Presleys haben ihren Sohn klonen lassen!“ „Ja - den Bühnen-clown habe ich mitunter auch gemacht“, murmelte der Entlarvte. „Sie irren sich! Es handelt sich um Mr. und Mrs. Predley. Das Paar befindet sich auf einer privaten Bildungsreise“, versuchte Karl die makabre Situation zu retten, „geklont werden, vermehrfacht dürfen nur die befruchteten Eizellen niederer Tierarten. Und dies ausschliesslich für Forschungsangelegenheiten, die sich der menschlichen Gesundheit widmen." „Pappelapapp", die Pupillen der Alten schienen Elvis zu durchbohren. „Wie ist einem zumute, wenn man sich selbst zur Konkurrenz macht, Mr. Presley?" „Man stirbt dann zweimal", erwiderte der schwitzend, „der Allmächtige lässt sich nicht überlisten. Bestenfalls schafft der Mensch seine eigene Einzigartigkeit ab." Ruhig fischte er aus seinem Jarkett eine Fünfhundertdollarnote. „Den kriegen Sie nur, wenn Sie nichts weitersagen. Abgemacht?" Die Verehrerin nickte heftig und schlich zurück zu ihrem Platz. „Was würdest du tun, wenn du in der Gegenwart noch einmal von vorne beginnen könntest, Elvis?", fragte seine Begleiterin. „Vielleicht hätte ich mich um eine klassische Ausbildung am Piano bemüht. Würde vergessene, indianische Musikinstrumente bauen oder in Tupelo Gebrauchtwagen verkloppen." „Oh Mann", stöhnte Karl, „das waren immerhin fünfhundert Mäuse, die du mal eben in den Wind geschossen hast!" Das ist die Summe für fünfhundert, gekaufte Zahnpastatuben. Mit denen hätte ich mir zehn Jahre lang die Zähne putzen können!" Eine Durchsage des Piloten durchflutete den Kabinenraum des Flugzeuges. Wegen eines schweren Wüstensturmes bleibe der Flughafen in Dubai vorerst geschlossen. Man müsse leider auf der Mittelmeerinsel Malta zwischenlanden.

VII.

„Diese Reise gestaltet sich als wahrer Hindernislauf, Liebste! Aber schau' nur, welch' wunderbarer Ausblick sich hier für uns bietet!" Aaron lehnte sich auf seinem schmalen, mit Eisenwindungen verziertem Balkonstuhl weit zurück. Fast schien es ihm, als könne er am Horizont des Meeres den tunesischen Küstenstreifen spüren. „Ist dir aufgefallen, dass wir von Reisebeginn an immer weiter in die Zukunft fliegen? Dort, wo wir ankommen, sind die Zeiger der Uhr schon weiter fortgeschritten und unserer ursprünglichen Zeitrechnung voraus." Richtig", lachte die Malerin, „es ist meistens schon später, als wir allgemein annehmen. Ich hoffe, dir gefallen das weinrote Kapuzenshirt und die graufarbene Jeans, die ich gestern für dich in Marseille besorgt habe." Kritisch beäugelte sie Aarons vernachlässigte, äussere Erscheinung. Seit dem Zwischenstoss mit dem Franzosen weigerte er sich vehement gegen eine Rasur seiner Bartstoppeln und seiner bauschigen Koteletten. Sein schwarzes Haupthaar war stark nachgewachsen und fiel ihm wirr in die Stirn. „Das war in der Tat sehr aufmerksam von dir. Danke!", lobte er Martha, die sich durch die Reiseumstände entkräftet, in einen flauschigen und hellbraunen Bademantel gehüllt an den Balkontisch setzte und mit zittrigen Händen aus einer Glasschüssel eine bestellte Süssspeise - eine Mixtur aus Sahne, Jogurt, Erdbeeren und geraspelter Schokolade - löffelte. Leicht beschwipst stiess Karl durch die geöffnete Balkontür zu dem Paar. Die goldbraun getönte Haut seines nackten, mageren Oberkörpers glänzte in der schimmernden, lauen Abendsonne verführerisch. „Diese englische Küche ist nicht so schlecht wie befürchtet", führte er aus, „dieser harzig schmekkende, rotbraune maltesische Rotwein hat jedenfalls ausgezeichnet gemundet. Apropo: Der Pilot im Flugzeug hat uns angeflunkert! Der Dubaier Flughafen ist wegen einer politischen Schlechtwetterfront geschlossen worden. Syrien verstrickt sich immer weiter in seinen entsetzlichen Bürgerkrieg. Syrische und irakische Rebellen haben zusammen mit radikalen, iranischen Politikern Israel mit einem ernsten, militärischem Angriff gedroht, wenn es nicht umgehend eine Wende in der Zwei-Staaten-Lösung einleite.",,Dies sind keine guten Nachrichten", sagte Martha. Gänzlich unerwartet erklang die Liedmelodie *„My Way"* in ihrer Bademanteltasche, „das ist Larry! Der lässt nicht locker. Seit Tagen nervt er mich und erkundigt sich in einer SMS nach unserem Befinden." *„And now the end is near, so I face my finall certain. My friend, I'll say it clear I'll state my case which I'm certain"*, sang Elvis inbrünstig. „Du verschweigst mir eine Nachricht von meinem Freund Larry?", wütend versuchte er der Frau das Handy aus den Händen zu reissen. Vergeblich. In der SMS, die sie nun vorlas, stand:

Verrückter Kerl ist in einem landesweit ausgestrahlten Werbespot zu sehen. Meditierend, fast nackt, einbalsamiert mit einer teuren Bodylotion, parfümiert mit einem Duftspray, das den Namen >Buddha< trägt. Typ singt wie Elvis. Sagt wie Elvis dauernd >Phantastic<. Überwältigende Nachfrage von Zuschauern aus den ganzen USA, die im Fernsehstudio anrufen und wissen wollen, wer der Typ sei. Was macht ihr für Sachen? In Sorge, Larry.

Martha nahm sich zusammen, wählte die Telefonnummer von dem Freund des Sängers, der sich sogleich freudig aus der Villa Graceland meldete. „Keine Sorge", gab sie ihm höflich zu verstehen, „es geht uns prima. Nein, lieber Larry - Eddy braucht jetzt keinen Friseur."

„Sag' mal, Marshmarigold", mit neu erwachtem Elan schüttelte der Musiker das etwas muffig und klamm riechende Bettzeug aus, „heisst du wirklich Martha?" „Oh ja", säuselte die kraftlos, „bei mir geht augenblicklich gar nichts mehr." Sie rollte sich auf dem Bettlaken schneckenförmig zu sammen und schien beinahe eingeschlafen zu sein. „Allein mein Nachname ist erfunden“, wisperte sie leise, „weißt du, es ist schrecklich, wenn es in der eigenen Familie Nazis gegeben hat. Entweder du verleugnest es oder aber, du stellst dich ihrer Geschichte. Es ist nicht nur entscheidend, ob sie grausame Taten begangen haben. Es reicht, wenn sie diesen Irrsinn, diese Kälte in ihrem Hirn verinnerlicht hatten. Es ist wie ein dunkler Fluch, der versucht sich bei den Nachkommen einzunisten. Er gleicht einer Speise mit einem sehr schlechten Aroma. „Weißt du, dass dein Zuname >Mellow< reif, mild, abgeklärt bedeutet? Bist du das?“, fragte er. „Oh, ja doch.“ Er warf die aufgelockerten, weichen Kissen auf ihren Körper, um sich mit seiner ganzen Leibesfülle auf das Bettzeug und die darunterliegende Frau zu werfen. „Du Narr“, japste sie. „Jetzt bist du wie meine knöchernen Überreste in meinem dunklen Grab am Graceland-Springbrunnen gefangen. Jetzt werde ich dich fressen!“ „Du redest wie ein Nazi.“ Keuchend kämpfte sie sich unter der Decke hervor. „Ich will dir erzählen, was meine grösste Angst ist.“ Mit weitaufgerissenen Augen blickte sie Martha Aaron an. „Ich habe furchtbare Angst davor, einmal so zu enden wie eine arme, mir bekannte Frau aus einer Mietskaserne, in der ich einmal gewohnt habe. Weil sich niemand für sie interessierte, begann sie irgendwann hoffnungslos zu trinken und hat, wenn jemand an ihrer Tür klingelte, nicht mehr geöffnet. Eines Tages lag ein Geschenk ihres Bruders - so ein buntes, samtenes Halstuch - vor ihrer Haustür. Nach einiger Zeit war es ganz verdreckt, weil die Mieter, welche über der Frau wohnten, gedankenlos mit ihren schmutzigen Stras-senschuhen darübergelaufen waren. Frau Feierabend sollte dieses Geschenk nicht mehr erhalten, weil sie - von allen unbemerkt - in ihrer Wohnung verstorben war.“ „Das ist wirklich eine sehr traurige Geschichte, Goldy! Aber es war die Entscheidung dieser Frau gewesen, ihre Tür für immer vor den anderen zu verschliessen. Es gibt nun mal kein Leben, das perfekt verläuft. Und meine Ausraster kennst du ja inzwischen“, flüsterte er zärtlich, darum bemüht, ihr vorsichtig den Bademantel vom Leib zu streifen,

„wenn ich als kleiner Junge traurig war, habe ich mir Reime einfallen lassen. Etwa Mauseloch, Käseloch, Regenloch. Jetzt du!" „Nasenloch, Knopfloch, Zahnloch, Schnürsenkelloch,.Ozonloch", grübelte die Frau. „Steckdosenloch", erwiderte er triumphierend. „Golfloch, Poloch", lächelte sie ihn an, seine milden Küsse auf ihrem immer leicht verkühlten Körper geniessend. „Phantastisch", erwiderte er und strich ihr mit der Hand sanft über die matten, müden Wangen.

Ein wildes Klopfen an ihrer Hotelzimmertür rüttelte das Liebespaar am nächsten Morgen wach. „Entschuldigt bitte, dass ich mich nicht über das Zimmertelefon angekündigt habe", Karl riss ungestüm die Tür auf, „aber in meinem Etablissement hausen Ratten. Ihr unentwegtes Scharren, Trappeln und Knabbern hat mich kaum schlafen lassen." Angewidert schüttelte er seinen blondgelockten Haarschopf, als gelte es lebnsbedrohliche Pesterreger loszuwerden. „Dieses Gebäude mag zweihundert Jahre oder mehr auf dem Buckel haben", schlaftrunken richtete sich Aaron mit seinem breiten, muskulösem Oberkörper auf und stützte sich mit seinen Handflächen und gestreckten Armen auf die Matraze, die ebenfalls bereits in die Jahre gekommen zu sein schien und - abgenutzt - jedem Druck nachgab. Das unrasierte Gesicht des Musikers nahm den strengen Ausdruck eines Sergeanten an. „Ruhig Blut, weisser Mann", sagte er, „diese vertrocknete, heisse Südseeinsel ist nichts anderes als ein uneinnehmbarer Felsbrocken im Meer. Niemals wurde hier je eine Kriegsbombe abgeworfen. Zu keiner Zeit haben irgendwelche Armeen - abgesehen vom Machtwort der britischen Krone - dieses kuriose Gestein erobert. So ist es doch nicht verwunderlich, dass sich diese an sich harmlosen Nagetiere, die irgendwann mit einem Handelsschiff auf diese Insel gelangt sein mögen, sich hier seit Jahrhunderten wohlfühlen." Amüsiert wanderte sein Blick zu seiner Partnerin, die sich neben ihm liegend gähnend ausstreckte und Aaron mit halbgeöffneten, katzengrünen Augen verschmitzt zublinzelte. „Du bist unmöglich, Karl! Wie kannst du es fertigbringen, uns so früh zu wecken?“, raunzte sie zufrieden. „Gibt es einen Song von mir, den du besonders gerne magst, Süsse?“, fragte Aaron kokett. *„To dream the impossible dream, to fight the unbeatable foe, to bear with unbearable sorrow, to run where the brave dare not to go ... To right the unrightable wrong, to be better far than you are, to try when your arms are too weary, to reach the unreachable star,“* zitierte Martha die ersten beiden Verse des Liedes. „Du bist ein elender Hochstapler, Elvis!“, äusserte der deutsche Freund verärgert, „du bist - was beinahe dein gesamtes Gesangskunstwerk betrifft - nur der Interpret eines Liedes, welches in Wahrheit aus einer fremden Feder stammt. „Aber die Leute wollen glauben, dass ich alle Melodien geschrieben habe. Eben, weil ich die so genial und grandios interpretiere“, protzte der Amerikaner. „Das darf nicht wahr sein!“, Martha hatte sich die Decke um ihren nackten Körper geschlagen und war damit vom Bett aufgesprungen, so dass der Musiker nun völlig entblösst auf der Matraze sass, und war zu dem hölzernen Kleiderschrank im Gästezimmer gelaufen. Vor dem war ein schwarzer, eleganter Koffer aus Rindsleder abgestellt. „Um Himmel's willen, Aaron! Das hier ist nie und nimmer dein Koffer - das hier ist ein anderer, der deinem zum Verwechseln ähnelt.“ „Ha“, freute sich Karl diebisch, „der Pelzmantel, für den Tiere entsetzlich gelitten haben, ist endlich futsch!“

Die Farbe und die Grösse des Gepäckstückes seien zwar identisch. Auch die Initialien auf dem Adressenschild am Koffer seien die gleichen, stellte er nüchtern fest. Mit einem Schraubenschlüssel, einem Hammer und einer Zange ausgerüstet - das waren Gerätschaften, welche der Hotelmanager bereitswillig zur Verfügung gestellt hatte, war Karl in das Hotelzimmer zurückgekehrt. Dennoch gehöre das Ding zweifelsohne jemand anderem., weil an mehreren Stellen völlig zerschlissen. Er hockte am Boden vor dem Kleiderschrank, um sich das Schloss des Koffers genauer anzusehen. „Warum hast du nicht deinen neuen Namen auf dem Schild, sondern nur die drei Grossbuchstaben >E.A.P< darauf vermerkt?", warf Martha dem Musiker vor, der sich mit ihrem Bademantel bekleidet auf den Balkon zurückgezogen hatte und dort den eilig bestellten Frühstückskaffee schlürfte. „Das ist eine alte Gewohnheit von mir", erklärte er, „so konnte ich mir früher sicher sein, dass mir persönliche Dinge nicht sofort geklaut wurden. Einem verträumten, verschusseltem Fischemond geschehen anscheinend häufig solche Missgeschicke. Sollten wir diesen dummen Koffer nicht besser ungeöffnet zum Flughafen zurückbringen?" „Es ist der unberechenbare Planet Uranus, der - zum Zeitpunkt deiner Geburt im feurigen Widder stehend - den unerwarteten Wirbel in deinem Leben verursacht", erwiderte Martha, die sich in der Hektik schnell ein knielanges, gestreiftes T-Shirt übergestreift hatte, „ich fühle mich schmutzig und möchte jetzt erst einmal duschen gehen." „Ein Fischemond!? Das bin auch ich!", rief plötzlich eine junge Frau in einem italienischen Akzent. Sie hatte die Zimmertür einen Spalt weit geöffnet, durch den sie mit ihrem langen, rotem Haar neugierig hindurchlukte, „ich bin die Sophia. Kann ich helfen?" „Nur herein, hübsche Frau!", sagte Karl, „ein Fischemond - was ist das?" „Der Stand des Mondes an deinen Geburtstag sagt etwas aus über die tiefere Emotionalität eines Menschen und über die Dinge, die ihn im Innersten bewegen", erklärte die Italienerin, „ich bin übrigens aus Venedig und gebe in den nächsten Tagen hier, in der Hauptstadt Valletta, ein Violinkonzert mit Stücken von Antonio Vivaldi. „Dieser Komponist hat 'Die vier Jahreszeiten' komponiert, nicht wahr?", rief Aaron, eine Marmeladenbrötchen kauend, vom Balkon aus. „Richtig!" Die Venezianer nannten ihn im Barock nur den >Roten Priester<, weil er knallrote Haare besass. Unter der Dusche stehend sang Martha:

Prächtig und bunt schillert der Fisch
stolz zeigt er seine scharfkantigen Schuppen,
silbern glitzert und glänzt sein Meereskleid.
Am tiefen Meeresboden hockt er unbeweglich,
seine Kiemen prusten sich auf
und schliessen sich wieder.
Sein dicker, gefüllter Bauch schwebt
im kalten Nirgendwo - gruss- und wortlos
ist der Fisch fortgeschwommen.
Husch, husch - wiederkommen tut er nimmer!

Das laute Knacken des aufgebrochenen Kofferschlosses liess alle Beteiligten im Raum aufhorchen. Karl wühlte in dem weissen, knisterndem Samtpapier. „Wie langweilig!“, seufzte er enttäuscht, „es handelt sich nur um blöde, alte Bücher.“ „Da irrst du dich“, erwiderte Sophia, die die Fundstücke genauer untersuchte, „das sind ganz besondere Bücher. Es handelt sich um drei äusserst wertvolle Bände aus der Erstausgabe des nordamerikanischen Dichters Edgar Allen Poe. Und zwar um die Schauergeschichte >The Fall of the House of Usher< aus dem Jahr 1839, den rätselhaften Gedichtband >The Raven< von 1845 und die Kriminalerzählung >The Murders in the Rue Morgue<, erschienen im Jahr 1841.“ „Eine zerschlissene Originalgitarre von Chuck Berry wäre mir lieber gewesen als diese düsteren, unheimlichen Schilderungen über mögliche, menschliche Abgründe“, meckerte Aaron über den Zufallsfund. Mürrisch blätterte er in den Buchseiten der Erzählung über die Adelsfamilie Usher. „Ein schrecklicher Kram“, murmelte er, „mysteriöse Todesfälle, prophetische Vorahnungen und triebhafte Verkettungen! Edgar Allen Poe war ein Säufer! Sollten wir nicht besser die Fundstücke melden, uns damit an die maltesische Polizei wenden?“ „Das ist ja eine wahre, literarische Schatzkiste“, rief stattdessen Martha feierlich, „wenn ich es richtig erfasst habe, verbinden dich - lieber Aaron - mit dem Dichter mehrere Gemeinsamkeiten. Nicht allein die Initialien eures Namens stimmen überein - dieser schreibende Einzelgänger ist wie du - in der ersten Blüte seiner Weisheit erst vierzigjährig verstorben!" „Ich war nie weise!", brüllte der Sänger zornig, „ich war ein schwerkranker Mann!" Leicht irritiert hatte die Violinspielerin den Disput verfolgt. „Ich will mich nicht aufdrängen", erklärte sie, „aber ich verfüge über hervorragende maltesische Kontakte und kann euch auch als Dolmetscherin aus dem Dilemma helfen."

„Durch euer hitziges und harmloses Richard Burton & Elizabeth Taylor-Filmgeplänkel habt ihr gerade eine richtige Dame vergrault", schimpfte Karl. „Aber wir prügeln uns nicht", gab die Malerin kleinlaut zu. Es gäbe wirklich nichts, was ihn - den König des Rock'n Roll - an diesem Trinker und Phantasten Poe interessiere, grübelte der amerikanische Musiker weiter über diesen seltsamen Fund nach. Über einen möglichen Grund dafür, dass diese Antiquitäten ausgerechnet in Malta gestrandet seien. Zumal aus dem Einband der wahre Besitzer der Schätze - so das Bostoner 'Museum of Art' - ersichtlich sei. Poe habe in einem unruhigen Nordamerika gelebt, brachte Martha ihre Kenntnisse ein. In den Südstaaten sei die Unterdrückung der farbigen Bevölkerung eine Normalität gewesen. In den Nordstaaten habe die Industrialisierung begonnen, das Leben der Menschen zu verändern. Der Nordstaatler Poe - bereits als Kleinkind Vollwaise - sei sein ganzes Leben hindurch ein fragiler Typ geblieben. Dennoch habe er als erster Schriftsteller die unbewussten, menschlichen Triebfedern und Urängste in expressiver, symbolischer Form niedergelegt. Das müsse der Zeitpunkt gewesen sein, an dem sich seine Ururgrossmutter >White Dove< am Mississippi mit einem weissen Mann eingelassen habe, bewegte sich Aaron fasziniert in Gedanken in seine eigene familiäre Familiengeschichte zurück. „Als Mörder wird am Ende dieses Krimis ein Orang-Utan überführt, der seinen Tierpfleger bei der Morgentoilette und der Bartpflege beobachtet. Ihn im Spiel nachahmt und seinem Opfer versehentlich mit einem Rasiermesser die Kehle durchschneidet. Welch' köstlich animalisch-unheimliche Note!", weckte Karl das nachdenkliche Paar aus seinem Gedankenspiel. Verunsicherheit griff sich Elvis an seinen ungepflegten, spriessenden, buschigen Backenbart.

Sophia hatte zugesagt, sich zusammen mit der Malerin im Office des maltesischen Flughafengebäudes nach dem Verschwinden von Aarons Koffer zu erkundigen und die Umstände, die zu seiner Verwechselung führten, zu klären. Verabredet hatte sich das Quartett am späten Nachmittag dieses sonnenklaren, laumilden Frühherbsttages in einer kleinen Bar, zentral am Marktplatz der maltesischen Hauptstadt gelegen. In riesigen Lettern blinkte die Leuchtreklame - bestehend aus winzigen, bunten Glühbirnen - über der Kneipentür. Der Schriftzug >*To the Elvis Bar*< frohlockte einladend den Besucher. „Wie hat du es geschafft, auf dieser stockkonservativen, katholischen Insel ein gemeinsames Hotelzimmer für dich und Martha zu mieten?", fragte Karl. Aaron blickte interessiert auf die an- und ausgehenden Lämpchen der Bar. „Valletta ist nicht vergleichbar mit Las Vegas, aber eine vorgeschobene Verlobung zieht immer noch". Mutig entschlossen öffnete Aaron ihre Eingangstür. „Sind dir die traumhaft langen Haare von Sophia aufgefallen, Elvis?", bereitwillig folgte der ehemalige Produktmanager für Ketten- und Kreissägen in der Holzverarbeitungsindustrie seinem Freund aus Memphis, „sie ist eine Elfe." „Schon wegen der scheusslichen Ratten, die dich in der Nacht in deinem Schlafgemach schrecken, solltest du mit deiner Umschwärmten nach einer gemeinsamen Lösung suchen", antwortete der beinahe eisig. Die beiden Frauen waren bereits eingetroffen und hatten sich einen Platz an einem runden Tisch in einer gemütlichen Ecke der Lokalität gesucht. „In Poes >The Raven< geht es um das Leid eines lyrischen Ich-Erzählers, der um seine grosse, verlorene Liebe trauert", seufzte Martha in ungespielter Betroffenheit. Um ihr eigenes Verlassensein zu betonen, nahm sie einen besonders tiefen Zug aus ihrer brennenden Zigarette, um sie anschliessend in einem Aschenbecher auszudrücken, den das Konterfei des noch jugendlichen Rockrebellen Elvis Presley zierte.

„Der da", sie lächelte verlegen, „verfügte wenigstens über ausreichend Treibstoff im Tank. Es erscheint mir sinnvoller einen Machissimo zu lieben, als jemanden der Einfühlsamkeit mimt, um dich am Ende heucherlisch zu hintergehen." „Das stimmt schon, Elvis war Triebstoff pur", entgegnete die Italienerin, „obgleich - sein aalglattes, geschniegeltes Auftreten fand ich bigott, einfach scheusslich. Und dann sein herablassendes Zahnpastalachen!" „Willst du damit sagen, dass der Typ verdorben, schmutzig und ein Scheisskerl war?", grinste Karl. Sophia zeigte auf das zweimetergrosse Pappmache, welches an die Wand genagelt den Sänger in einem goldfarben glitzernden Kostüm abbildete. „Sogar zur Weihnachtszeit schmückt der Barbesitzer seinen Tannenbaum aus Kunststoff mit Christbaumkugeln, auf die er Bildmotive von diesem Goldjungen geklebt hat. Und auf den Toiletten", erzählte sie, „müsst ihr auf einen Elvis-Button drücken, um die Klospülung in Gang zu setzen. „Die Wanduhr besitzt immerhin Anmut", bemerkte Aaron eingeschüchtert. Die vier Freunde blickten auf das zwischen den Zifferblättern der Uhr auftauchende Strahlen des vergangenen Jungstars. „Alles im Leben hat seine Zeit, die letztendlich für jeden Menschen wie ein kurzer Augenwimpernschlag vergeht. So wie seine persönliche Freiheit nur einen Wimpernschlag währt", sagte der Musiker.

In der Zwischenzeit war ein englischer Tourist aufgestanden und zu der Jukebox, die etwa fünfzig Jahre auf dem Buckel haben mochte, gegangen, hatte eine Münze eingeworfen. Aus dem mit alten Singleplatten bestückten Gerät erschallte die in einem langsamen Tempo gehaltene Melodie eines Elvis-Gospels: *„Oh Lord, my God - when I'm awesome wonder/ consider all the words thy hands have made/ I see the stars, I hear the rolling thunder/ thy power throughout the universe displayed/ then sings my soul, my saviour God to* *thee/ how great thou art.*" „Für diesen pathetischen Vortrag hat der Chauvie einen Grammy erhalten", fügte der Deutsche hinzu. „Zwei Grammies", verbesserte ihn Aaron. „Ich möchte hiermit an den Grund unseres Treffens erinnern", die Violinistin nickte dem Sänger aufmunternd zu, „der Verbleib deines Koffer liess sich leider nicht klären, lieber Eddy. Eine unbekannte Person muss ihn an sich genommen, welche entweder der Besitzer der Poe-Bände ist oder - was wahrscheinlicher - ein Dieb. Wir beide - Martha und ich - haben im Internet recherchiert und herausgefunden, dass zur Zeit die Wanderausstellung >Meilensteine der Literatur< in Paris gastiert, wo die Poe-Werke präsentiert werden. Das Office im Airport hat die maltesische Polizei verständigt und versprochen, sich bei uns zu melden." Ein kleingewachsener, untersetzter Herr, der um die sechzig Jahre alt sein mochte, trat an den Tisch seiner Gäste. *„When Christ shall come with shout of acclamation/ to take me home what joy shall fill my heart/ then I shall bow in humble adoration and there proclaim my God/ how great thou art*", sang er mit hoher, heller Stimme. Um seinen dicklichen Bauch gebunden hatte der Mann eine Schürze - darauf gedruckt der jugendliche, schlanke Elvis im engen, schwarzen Lederkostüm. „Wenn der sympathische Herr dort", er wies auf Aaron, dem der Angstschweiss auf die Stirn trat, „in ein gemeinsames Foto mit mir einwilligt - ja, dann gibt es für euch eine Flasche Gozoner Rotwein gratis. Welch' verblüffende, unverwechselbare, unglaubliche Ähnlichkeit!"

In der Hotelrezeption waren für Mr. und Mrs. Predley zwei Schriftstücke abgelegt worden. Das erste war ein Fax und stammte von Larry. Sie lautete:

Cilla, deine Ex-Frau, behauptet öffentlich, dich in der Schönheitswerbung wiedererkannt zu haben. Als langjähriges, überzeugtes Mitglied der L. Ron Hubbard-Church glaubt sie, dass du als spirituelles, thetanisches Wesen auf die Erde wiedergekehrst bist. Dazu haben vier Handwerker, welche in Graceland neue Toiletten eingebaut haben, in einer Talkshow behauptet, dich in Begleitung einer Französin in der Villa gesehen zu haben. Es tut mir leid, teuerster Freund, aber ich habe Cilla verraten, dass du dich nun Eddy Adam Predley nennst und auf Malta verweilst. Larry

Es reiche anscheinend nicht, einmal der weisse King des Rock'n Roll gewesen zu sein, nein - nun soll er dazu Titan - ein griechischer Gott aus der Verbindung zwischen Himmel und Erde, sein, wunderte sich Aaron, der sich auf der Sitzgarnitur im Foyer niedergelassen hatte. „Sei' bloss vorsichtig, Elvis! Die Scientology-Church zieht dir nicht nur das Geld aus den Hosentaschen. Die macht dich auch mental abhängig", riet ihm sein Freund. „Ich besitze doch gar nichts mehr!", wandte der Amerikaner ein, „ausserdem gab es ihre Anhänger bereits zu meinen Lebzeiten. Einer von ihnen wollte mir damals Kurse verkaufen, die mich tausende Dollars gekostet hätten. Damit ich meine Blockaden aus der Kindheit lösen und ihren glückselig machenden Bewusstseinszustand 'clear' erlangen könne. Inclusive reinigende Saunagänge. Dieser über den alltäglichen Dingen stehende, glückselige Mann landete sehr schnell vor meiner Haustür." „Hör zu, Eddy! Am morgigen Nachmittag", Karl las das Telegramm mit der zweiten Nachricht vor, „will uns der englische Literaturagent David Wood, der Poes Werke für die internationale Wanderausstellung versichert hat, am Airport Malta treffen."

„Im Süden der USA wüten Tornados, und wir hängen auf dieser gottseligen Insel fest", vorsichtig massierte der Sänger über dem Körper von Martha auf dem Bett knieend ihre verhärteten Rückenmuskeln. „Die ist doch nicht die schlechteste Wahl. Wo hast du den betrunkenen Karl gelassen? Ist dir aufgefallen, wie intensiv er Sophia in dem Lokal gemustert hat?", fragte sie mit geniessender Miene und mit geschlossenen Augen. Zunächst das Muskelfleisch und das Fettgewebe mit dem Handrücken weichklopfen. Es dann zum Herzen hin kräftig durchkneten und durchwalzen und es schliesslich mit den Handkanten locker schlagen - rief er sich die Kunst des Massierens nach jahrzehntelanger Abstinenz in Erinnerung. „Karl?!", grinste Aaron feist, „den habe ich in Sophias Zimmer auf deren Bett gelegt und übrigens mittels deines Notebooks erfahren, dass meine Tochter mit ihrem vierten Ehemann in England lebt und gegen die Gesellschaft für musikalische Auftrittsrechte klagt. Die hatte mir in den siebziger Jahren die Nutzungsrechte für meine Songs durch eine verhältnismässig mickrig ausfallende Abfindungssumme endgültig abgekauft." Seine Tochter sei mit seltsamen Clowns liiert gewesen - etwa mit Nicolas Cage. Die Filmcasette mit ihm als Darsteller sei ja leider abhandengekommen. Oder mit dem Jüngsten der Soulband >Jackson Five< - so mit Michael Jackson, dem King of Pop. Vielleicht suche sie in diesen Männern den Esprit ihres verstorbenen Vaters. „Halt den Mund!", zischte er, „meine Familienbande gehen dich herzlich wenig an." „Genau. Hast du Lust morgen in ein Violinkonzert zu gehen, welches im Kammersaal der maltesischen Oper stattfindet? Sophia hat uns eingeladen. Und unsägliches Lampenfieber." Infolge der einfühlsamrhythmisch knetenden Handbewegungen ihres Wohltäters schnalzte Martha genussvoll mit der Zunge. „Unten am Hafenbecken sind Sophia und ich vorhin noch im Meer geschwommen", erzählte sie, „als uns in der Abendsonne eine ältere, stark blondierte Frau aufgefallen ist. Sie trug einen leichten, dunkelgrünen Sommermantel und hat uns mehrmals fotografiert. Es handelte sich - da bin ich mir sicher - nicht um deine Cilla."

Am nächsten Morgen stand Aaron, der sich das legere Ringelshirt der Malerin angezogen hatte, auf dem Balkon. In aufrechter Körperhaltung, mit angewinkelten Knien und leicht nach innen gedrehten Barfüssen schnellte er seine Fäuste in den Luftraum vor ihm, um sie blitzschnell und energiegeladen wieder an den eigenen Körper zu ziehen. Er tat zwei Schritte nach vorne, um sich rasant um die eigene Achse zu drehen. „Was machst du nur?", fragte ihn

Martha überrascht. „Ich mache meine Übungen", sagte er beglückt und trat mit einem heftigen Bein- und Fusschlag gegen das Gesicht seines nicht anwesenden Gegners, „Stepping Punch, Front Kick! Dieser Sport beginnt und endet mit Respekt, er kennt keinen ersten Angriff. Erkenne dich selbst und dann den anderen." „Du hast vergessen, dir einen Gürtel umzubinden", neckte sie ihn. „Inside Block, Outside Block", rief er, „Hände und Füsse sind Schwerter! Es geht darum, deine Feinde abzuwehren, den eigenen Geist zu befreien und die eigene Energie zu bewahren. Ein Unglück geschieht nur aus Unachtsamkeit. Denke nicht an das Gewinnen, sondern darüber nach wie du nicht verlierst! Wandle dich - abhängig vom Gegner." „Bist du ein 'Sensai' - ein Meister oder ein 'Senpai' - ein Schüler?", fragte ihn die Malerin neugierig. „Jeder bleibt ein Senpai, auch wenn ich den schwarzen Gürtel trage. Kokutsi-Dachi, Kiba-Dachi", übte er den Basic-Karate-Stand, „dieser Sport ist wie kochendes Wasser, das immer warmgehalten werden muss, weil es sonst abkühlt." Er verbeugte sich zum Abschluss vor seinem nicht anwesenden Gegner. „Übrigens, sagte sie, „die politische Situation im syrischen Bürgerkrieg wird immer dramatischer. Die Menschen massakrieren sich gegenseitig." „Genau dies", antwortete er, „tue ich, indem ich die Karatekunst beherrsche, nicht."

Inbrüstig summte Aaron auf dem Rücksitz des Taxis die *"Unchained Melody"* - die entfesselte Melodie. Dies sei das letzte Lied gewesen, dass er im Jahr 1977 in einem Konzert am Piano in Indianapolis wenige Wochen vor seinem Tod öffentlich gesungen habe. *„Oh my love, my darling - I've hungered for your touch a long, lonely time/time goes by, so slowly and time can do so much for you ... lonely rivers flow to the sea/lonely rivers cry, wait for me/I'll be coming home ... God, speed your love to me"*, zitierte er eine Liedstrophe. Zu diesem Zeitpunkt habe er geahnt, dass er bald gehen würde, erzählte er, während er durch die Fensterscheibe des Autos blickend darüber wunderte, wie unendlich viele gleichförmige, silberfarbene Kleinwagen an ihnen vorbeifuhren. Ihre Karosserien besässen allesamt diese scharf geschnittene, sportliche Linie. Weder in dem grossen Marseille, noch in Spanien oder hier in Valletta hatte er einen Tramper am Strassenrand entdecken können. Noch zu seiner Zeit wäre dies eine ganz alltägliche Erscheinung gewesen. Das Strahlen drei hübscher, graziler Frauengestalten auf einer Fotografie blinkte ihm auf Google in Marthas Notebook entgegen. Eine sei hübscher als die andere, stellte Aaron ergriffen und entzückt fest. Seine Frauen - die Enkelin, die Tochter und die Ex-Frau - sähen verdammt selbstsicher und vernünftig aus. „Die Lage im Nahen Osten hat sich zugespitzt", begann der höfliche, zuvorkommende Taxifahrer mit Martha, die auf dem Beifahrersitz sass, ein Gespräch, „mit berechtigter Sorge befürchten die USA - seit dem Irak- und Afghanistankrieg finanziell geschwächt - endgültig in den Konflikt hineingezogen zu werden." Er habe sizilianische und arabische Wurzeln, könne den Bruch, den viele islamische Brüder und Schwestern durch die moderne, westlich geprägte Zeit in sich tragen würden, nachvollziehen. „Wir Malteser sind temperamentvolle, leidenschaftliche, aber dennoch glücklicherweise besonnen handelnde Menschen", stolz klopfte der junge Mann mit der rechten Hand auf das Armaturenbrett seines gut erhaltenen Gebrauchtwagens. „Das grösste Unglück ist", antwortete Martha, „dass Kriegsflüchtlinge und hungerleidende Afrikaner - die >boat people< - in ihren schrottreifen und überfüllten Kähnen in Malta oder Italien an Land gehen , wenn sie das rettende Ufer denn überhaupt lebend erreicht hätten."

VIII.

Der Literaturagent David Wood war ein liebeswürdiger, mittelgrosser, unauffälliger Mann von etwa fünfzig Jahren. Seine dicke, kurze Nase, seine weitausanderliegenden runden, grauen Augen und seine breiten, vollen Lippen verliehen seiner äusseren Erscheinung eine clownhafte, etwas vulgäre, jedoch nicht unsympathisch wirkende Note. Mit einem kurzärmeligen, sportlichem, bunten Hemd und halblangen, bequemen Shorts bekleidet wartete der schlanke Mann auf einem zusammenklappbaren Hocker vor einem Hubschrauber, das sich als ein veraltetes Modell aus aussortierten, sowjetischen Militärbeständen herausstellte. „Das ist wunderbar!", rief er dem amerikanischen Paar laut zu, „sie haben den Koffer, in dem hoffentlich die gestohlenen Werke des Dichters verstaut sind, gleich mitgebracht!" Mit einem festen Händedruck begrüsste er Aaron und Martha, während seine Pupillen das Paar auf seine Vertrauenswürdigkeit hin misstrauisch fixierten. Angesichts des wild spriessenden Bartes von Aaron, seiner aus der Zeit gefallen Popart-Brille und seines verschwitzten Shirts schloss er auf eine zweifelhafte, zumindest ungepflegt erscheinende Person. Die witzige, intelligente, etwas zurückhaltende Art der Frau jedoch schloss Wood sofort in sein Herz. „Mit so einem ollen Klapphocker", lachte Martha, der es peinlich war, in dem Abendkleid, welches sie bereits in Memphis getragen hatte, auf dem Flugplatz am hellichten Tage zu erscheinen, „bin ich als Studentin in die hoffnungslos überfüllten Literaturseminare der Universität gezogen, um dort einen freien Platz zu ergattern." „Ich hoffe, in Ihnen - Mr. und Mrs. Predley aus Tennessee - keine gewitzten Diebe oder Versicherungsbetrüger vor mit zu haben", kam der Engländer gleich auf den Punkt, sondern ehrenwerte, unbescholtene Eheleute und glückliche Finder." Der Literaturkenner sprach ruhig und bestimmt. „Aufgrund ihrer Freundlichkeit, uns den Fund sogleich gemeldet zu haben", fuhr er fort, „möchte ich Sie zunächst zu einem besonderen Abendessen auf der Insel Gozo einladen. Einen Ort, den wir mit diesem, von mir gemieteten Hubschrauber auf die schnellste und bequemste Weise erreichen werden. Ich bitte Sie, nun einzusteigen!" „Handele richtig und schnell wie der Blitz - das war immer meine Lebendevise!", erwiderte Aaron, der froh darüber war, sich des inzwischen lästig werdenden Gepäckstückes endlich entledigen zu können.

Der Musiker atmete tief ein und aus. Mit heftiger Sehnsucht dachte er an sein verlorenes Leben, das so abrupt und vorzeitig zu Ende gegangen war. Das glasklare, sonnenüberflutete, hellblau strahlende Meer liess ihn an die Wogen der Begeisterung denken, die ihm auf Hawaii entgenschlug, als er dort mit dem Helikopter vor der Konzerthalle landete. Er erinnerte sich an den Duft der ge-flochtenen Blumengirlanden, die ihm zur Begrüssung von so vielen hübschen Frauen um den Hals gelegt worden waren. An die ihn euphorisch stimmende, bejahende Energie, die von diesen Menschen auf ihn übergegangen zu sein schien. Ein unsäglicher Schmerz durchstach seinen rechten Lungenflügel. Verdammtes Emphysem!, fluchte er. „Was findest du eigentlich so toll an mir?", wandte er sich traurig, zugleich bissig an Martha, die ihn – um die Nase herum sichtlich erblasst – auf seltsame Weise anlächelte. „Ist es mein vergangener Erfolg, mein gewesenes Berühmtsein, der verbrauchte Reichtum? Wie kannst du jemanden lieben, der längst gestorben ist? Ich habe das Leben in vollen Zügen genossen und eigentlich nur von Gedöns - von der Liebe, dem Verliebtsein oder dem Alleinsein gesungen! Das war alles." „Zumindest war die Verpackung excellent", flüsterte Martha, die sich verkrampft an ihren Sitzgurt klammerte, „ich fühle mich wie in einem sich geschwind drehenden Kettenkarussell. Ich befürchte, gleich aus meinem Sitz und in die Tiefe gerissen zu werden! Diese Helicopter sind wirklich verdammt wind- und böenempfindlich! Deine Stimme ist es, die geblieben ist", stiess sie in einem zittrigen, schwachem Tonfall hervor, „Sie ist ein Rätsel, besitzt Wohlklang, Witz, Charme und Erotik. Sie ist Kunstgenuss pur ohne einen üblen, faden Nachgeschmack.“

„Das Restaurant liegt in der schönsten Ferienlandschaft Maltas“, sagte David Wood. Im Stillen wunderte er sich über seine Gäste, die plötzlich so in sich gekehrt und schweigend in der Flugmaschine hinter ihm sassen. Angekommen in dem kleinen, gemütlichem Lokal, gelegen auf einem Vorsprung einer kantigen, felsigen Küste, hatten sie sich für ein frisch gefangenes Tintenfischfilet, frittierte Kartoffeln und einen Käsesalat entschieden. „Ich freue mich, mit Ihnen auf so friedvoll eingestellte Menschen getroffen zu sein“, lobte der Literaturfreund erneut das Pärchen, „erst kürzlich wurde in London auf offener Strasse jemand mit einem Säbel und einem Beil bestialisch ermordet - im Namen Allahs.“ „Solch’ schreckliche Taten hat es früher auch gegeben - zum Beispiel geschehen im Drogenrausch“, erwiderte Aaron. „Mit dem Unterschied, dass damals kein Tourist die Tat seelenruhig mit der Kamera aufgezeichnet und anschliessend an einen Fernsehsender verkauft hat. Gutgelaunt glotzt der Täter mit in Blut gebadeten Händen in die Fotolinse, als warte er auf ein spannendes Interview“, fügte der Engländer hinzu, „das alltägliche, menschliche Untereinander erscheint mir nicht nur hektischer, sondern auch rauher. Gleichgültigkeit hat es immer gegeben, aber solche extreme Brutalitäten erscheinen mir ein neues Phänomen.“ Was machen sie beruflich, Mr. and Mrs. Predley?“ „Meine Frau arbeitet als Künstlerin im grafischen Bereich. Ich selbst bin als Antiquitätenhändler tätig. Eine Spezialtät von mir sind - ich hoffe, Sie damit jetzt nicht zu erschrecken - Revolvermodelle, etwa der >Colt Python< aus dem Jahr 1955. Im weiteren verfüge ich in Tennessee über eine stattliche Ansammlung von fahrtüchtigen, gepflegten Cadillacs. Ein sehr rares Autoexemplar wurde mit echtem Goldlack überzogen.“ „Etwa das aus dem Nachlass von Elvis Presley? Wie wunderbar! Und was machen sie ausgerechnet in diesem provinziell anmutenden Malta - wenn ich sie danach fragen darf?“

„Wir sind sozusagen auf der Durchreise - konnten uns aufgrund der schwierigen, politischen Situation noch nicht dazu entschliessen, unser eigentliches Ziel - Jerusalem - anzufliegen!“, antwortete Martha. „Der ganze Nahe Osten ist mit Pistolen, Kleinkaliberwaffen und Panzern vollgepfropft. Beängstigend!“, bemerkte der Engländer, „ich befürchte, dass wir blind langfristig in ein neues Höllenfeuer hineinlaufen.“ Die drei sahen, den friedlichen Abend geniessend, auf die beinahe menschenleere Küstenlandschaft, an der in Strandnähe mehrere meterhohe, urzeitliche Steinklotze zu einer unwirklichen Gruppierung angehäuft lagen. Wenn er noch länger an diesem bizarren, surrealem Ort verweile, spasste der Musiker, werde er sicherlich mondsüchtig werden. Wo sich denn, fragte Aaron Martha unvermittelt, >luna< zum Zeitpunkt ihrer Geburt aufgehalten habe? „Ich bin ein Löwemond“, bemerkte die Schamanin nicht ohne Stolz. Ein Liebesglück lasse sie sich nur ungern von einem anderen Menschen streitig machen. Diese Steine sagen uns, dass es im Leben darum geht, Hindernisse, welche sich einem in den Weg stellen, zu überwinden.“ Sie seien sogar als eine Aufforderung zu verstehen - insbesondere, wenn sich die Person bereits vernichtet am Boden liegen sähe. So zerstört sei wie der Liebende in Poes Poem, der um den Verlust von Elenora trauere und von einem unerklärbaren Klopfen an der Tür und dem Krächsen eines Raben heimgesucht werde. „Wir sollten“, amüsierte sich der Engländer über die Lautmalerin, „nicht zu lange auf dieser geheimnisvollen Mondlandschaft verweilen. Denn laut Familiensaga der Ushers lauert in der Tiefe des Wassers eine dämonische Gestalt, die jeden verschlingt, der dort dauerhaft verweilt. Zu meinem geschäftlichen Anliegen: Als Literaturagent stehe ich in einem engen Kontakt zu der Versicherung, welche die literarische Wanderausstellung in einem Schadensfall vertritt. Da dieser nun eingetreten ist, hat sie Ihnen beiden einen Finderlohn - es handelt sich um 25.000 Dollar - zugesprochen, die ich - falls Sie mir Ihre persönlichen Bankdaten nennen würden - sofort mittels PC in Auftrag geben könnte. Sie erhalten von mir einen schriftlichen, rechtlich geltenden Beleg." Martha und Aaron bejahten. Er wolle das smarte Paar nicht unnötig beunruhigen, erklärte der Mann aus London, aber sein auf dubiose Angelegenheiten geschultes Auge sehe es als seine Pflicht an, beide darüber zu informieren, dass ihnen eine Frau in einem grünen Mantel auf Schritt und Tritt auf dem Airport gefolgt sei, welche hoffentlich nicht mit dem Poe-Fall in Verbindung stehe.

Spät am Abend in dem Hotel Valletta zurückgekehrt liess sich Martha genussvoll in die schaumigen Fluten ihres frisch mit Lavendelblüten beträufelten Badewassers sinken. Wie ansehnlich Aaron einst als >King Kreole< und in dem gleichnamigen Film ausgesehen habe, schwärmte die Frau und tauchte schnaufend in das sich auf ihrer Haut sinnlich anfühlende Badewannennass ab. Wie schön er anzusehen gewesen sei, als er auf dem Balkon stehend vom >crawfish< aus den verzweigten Niederungen des Mississippi gesungen hätte, währenddessen eine Verkäuferin der schmackhaften Flusskrebse - diesem bedauernswertem Getier - in ihrer Pferdekutsche an seinem heruntergekommenen Apartement vorbeigallopiert sei. In ihren Händen einen aufgespannten Regenschirm haltend. Diese seltsame, heisse Insel liesse sie langsam, aber sicher für einen Realitätsverlust anfällig werden, dachte die Frau im Schaumbad sie Luft anhaltend. Mit einem kleinen Aufschrei tauchte sie aus ihrem seifenartigem Gebräu wieder auf. Sich wie ein hässlicher, braunschwarzer, zum Verzehr preisgegebener Flusskrebs fühlend. „Warum heiraten immer noch so viele Leute in diesem öden Las Vegas - in einem klapprigen Cadillac und mit Elvis-Haarpomade?", rief Martha Aaron zu, der auf dem Doppelbett mit dem verschnörkelten Eisengestell döste, den Fernsehapparat eingestellt hatte, auf dessen Bildschirm eine korpulente Dame die Nachrichten vom Tage vermittelte. Zufrieden vertilgte er den Inhalt einer Plastiktüte - gefüllt mit salzigen, fetten Kartoffelchips, die er am Flughafen heimlich gekauft hatte. „Ich habe keine Ahnung", antwortete er, „vielleicht, weil sie sich gleich wieder scheiden lassen wollen. Ich bin nichts für die Ewigkeit, Liebste! Auch geküsst bleibt dein Prinz in seinem zweiten Leben eine aufgeblasene Kröte!" „Irgendjemand hat in meinen Unterlagen gewühlt, Aaron!" Die Frau war aus der Wanne gestiegen, in ihrem Badetuch zur Zimmerkommode gegangen und hatte alle vier Schubladen weit aufgerissen. „Meinen Skizzenblock hatte ich nicht oben auf die Ablage, sondern in die unterste Lade gelegt. Der blaue Hefter, in den ich gewöhnlich meine schriftlichen Notizen stecke, ist geöffnet und durchblättert worden. Obgleich mit einem dicken Gummiband von mir geschlossen gehalten!" „Eventuell wollte uns eine maltesische Putzfrau näher kennenlernen", versuchte Aaron die gereizte Situation aufzulockern. Interessiert griff er nach Marthas neuen Malskizzen. „Das sind ja merkwürdige, faszinierende Katzenwesen, die du gezeichnet hast", stellte er fest, „sie besitzen ein menschenähnliches und doch tierisches Antlitz." „Vielleicht hat der Geist von Edgar Allen Poe in der Kommode gespukt und die Bilder beeinflusst", begann die Frau ihre Dokumente auf deren Vollständigkeit hin zu überprüfen, „es ist merkwürdigerweise nichts gestohlen worden. Trotzdem war - das spüre ich - eine fremde Person in diesem Raum. Vielleicht ist es ihre Energie, die noch wahrnehme." „Ist nicht jeder von uns in einem bestimmten Punkt ein getriebenes Wesen?", traurig-schön summte er den Blues *"Reconsider, Baby"*, worin der Verlassene seine verlorene Liebe darum bittet, noch einmal über ihre Entscheidung nachzudenken. *„You said you once have loved me, but now I guess you've changed your mind"*, sang Aaron, *„why don't you reconsider, baby, give yourself just a little more time"*, als es unerwartet an ihrer Hoteltür pochte.

„Karl ist verschwunden!" Mit Tränen in den Augen stürzte Sophia in das Zimmer des Paares. Aufgelöst und aufgeregt erzählte die Italienerin, dass er sie noch am frühen Abend zum Kammersaal der Oper begleitet habe. Bereits auf der Bühne sei ihr erneut diese seltsame, ältere Dame mit dem blondiertem Haar aufgefallen, welche den Frauen bereits beim Schwimmen gefolgt sei. An diesem Abend habe diese Frau nun eine Sitzreihe direkt hinter dem Platz des Deutschen gesessen. Während des Konzertes habe sie sich auf eine grässliche Art von ihr beobachtet gefühlt. „Wie war denn die Show, Kollegin?“, fragte Aaron. „Prächtig!“, berichtete die Violinistin. „die Nachfrage nach den Konzertkarten ist immens gewesen. Aber auf Malta passiert auch nicht so viel Grossartiges. Für den morgen Abend ist ein Wiederholungskonzert geplant! Das maltesische Streichorchester hat mich in meinen Partituren in G- und A-Moll nicht alleingelassen und auf tolle Weise begleitet.Nach dem Konzert hat Karl vorgeschlagen, noch schnell eine Flasche von diesem herzhaften Gozowein aus der Elvis-Bar zu holen und auf dem Hotelzimmer gemeinsam den Erfolg zu feiern. Zwei lange Stunden habe ich vergeblich vor der Oper - die Elvis-Bar ist einen Katzensprung weit entfernt - auf Karl gewartet.“ Ein plötzlicher Weinkrampf schüttelte die junge Venezianerin, woraufhin Martha - eingewickelt in ihr nasses Badetuch - die schluchzende Frau liebevoll in ihre Arme schloss. „Unzuverlässigkeit ist nicht seine Art“, bemerkte Aaron, „hat er dir etwas Aussergewöhnliches über sich verraten?“ „Nur, dass er in Deutschland als Produktmanager für eine Firma tätig war. die Maschinen für die Holzverarbeitung herstellt. So Ketten- und Kreissägen. Häckselgeräte. Turbinen zum Spalten und Zerkleinern der Baumhölzer. Karl hat sich eine Auszeit von dem ganzen Trubel genommen und lebt von Sparrücklagen“, sagte Sophia verzweifelt, „ich befürchte, dass ihm etwas Schreckliches zugestossen sein könnte. Darf ich mich in eurem Bad etwas auffrischen?“ „Karl ist ein echter Naturfreund und ihr Beschützer,“, überlegte Martha, „hat sich beruflich mit der Nutzung und Verwertung der Baumhölzer befasst, also auch mit der Vernichtung der lebenswichtigen Wälder. Das ist ein Widerspruch in sich. Vielleicht hat er sich Feinde gemacht, die wir nicht kennen.“ „Er war nur konsequent und ist aus dem Geschäft ausgestiegen. Das verdient Anerkennung und ist etwas, was ich in meinem Leben nicht hinbekommen habe", äusserte sich der Musiker, „bestenfalls ist er in der Bar abgestürzt und hat seine neue Flamme vergessen." Erneut stimmte er in den Bluessong ein: *„Well, so long - oh - how I hate to see you go. Well, the way that I will miss you that I guess you'll never know. We've been together so long to have to separate this way."* „Seid ihr etwa gesuchte Verbrecher?", trat die Violinspielerin mit einem stark geröteten, verstörtem Gesicht aus dem Badezimmer, „unter dem Regal über dem Waschbecken steckt eine Abhörwanze. Und wie kann es angehen", fuhr sie böse den auf dem Bett lümmelnden Aaron an, „dass du nicht nur aussiehst wie der dicke, alte Elvis, sondern auch über seine geschmeidige, warme Stimmfärbung verfügst?"

Eine neue Melodie auf Marthas Handy weckte das Paar am nächsten Morgen unsanft. *"All shook up*! Aha, aha!*"*, protestierte das einstige Schwergewicht im Rock'n Roll gegen die ungebetene, frühmorgendliche Störung, wälzte sich in den Kissen und auf die andere Bettseite, „lass' uns bitte endlich irgendwo hinfahren, wo nicht diese verdammt trockene Hitze herrscht, aber bunte, frische und hübsche Blumen blühen. Meine Stimmbänder fühlen sich papieren an - zum Bersten ausgelaugt." „Es ist Sophia, die uns eine SMS sendet. Sie berichtet, dass Karl in der Nacht ohnmächtig auf dem Hafenkai liegend von Passanten aufgefunden und in die hiesige Psychiatrie eingewiesen wurde. Sein Nasenbein ist gebrochen. Seit heute morgen halbwegs bei Bewusstsein behauptet Karl felsenfest, von zwei Männern in ein Auto gezerrt und dort narkotisiert worden zu sein. Von diesen Männern geschlagen und in einer fensterlosen Garage zu unserer Identität ausgefragt worden zu sein." „Ja - bin ich unter lauter, bösen Buben gestrandet?", stöhnte Aaron vor Unmut, „die Bettdecke ist so alt und morsch, dass bereits kleine Daunenfedern in der Raumluft herumwirbeln. Ganz so wie die Schneeflocken in deinen Gedichten, Marshmarigold. Und an jeder Ecke , an jeder Hausmauer in diesem verwunschenen Nest lauert ein Geheimnis und ein Verrat!“ „Stöberst auch du jetzt heimlich in meinen Aufzeichnungen?“, fragte die ungehalten, „wir sollten diesen Ort schnellstens verlassen! Wir werden verfolgt!“ „Aber lass’ uns bitte nicht zurück nach Spanien oder Griechenland reisen. Dort wüten schreckliche Höllenbrände, von denen ich in der Nacht geträumt habe. Wohl eine Folge der gestrigen Nachrichten aus der Flimmerkiste, in der die Feuersbrunst über den Bildschirm flackerte.“ „Dein Traum vom Feuer sagt etwas aus über deinen persönlichen Wunsch, eine Art innerer Reinigung zu erfahren“, erwiderte Martha. „Ich finde es wichtiger, jetzt zu erfahren, ob sich die Lage in Jerusalem bereinigt und entschärft hat, meine Liebe. Schon zu meiner Zeit setzte der Staat Israel die Existenz seiner A-Bombe ein, um seine Gegner abzuschrecken. Warum haben alle so eine furchtbare Angst?“ „Weil die Iraner inzwischen ihren Schah aus dem Land gejagt haben und eine islamistische Regierung an einer eigenen Atombombe bastelt. Weil der Irak und Syrien teilweise in Schutt und Asche liegen. Weil es islamische Gruppen gibt, die die USA und seine Verbündeten für den Teufel in Person halten. Und weil es einem entwurzelten, palästinensischem Bekannten in Paris, der mir seine Schussnarben auf Brust und Rücken zeigte, die ihm in einem libanesischen Flüchtlingslager als Junge zugefügt wurden, weiterhin schlecht geht.“

Er sei ein elender Narr - eine Art Don Quichotte, dem sein eigentlicher Lebensauftrag abhanden gekommen sei und der dennoch so tue, als sei nichts passiert. Aufmerksam suchte der Musiker im Bad unter dem Klodeckel nach weiteren, möglichen Wanzen. Er kam sich vor wie eine träge, sich leer anfühlende, ausgediente Körperhülse ohne eine nennenswerte Zukunft, die gegen ein Hindernis - so die untrügerische, unbesiegbare Vergänglichkeit ankämpfe. Und alle Beteiligten, sei es nun Sophia, Karl oder Martha, in einen Strudel an Unwegsamkeiten und Unannehmlichkeiten hinabziehe. Unsterblich sei er sich selbst einmal vorgekommen! Wie ein frauensüchtiger Don Juan! Er griff auf dem stillen Örtchen sitzend zu der Zeitschrift, die ihm Karl zum Lesen an sein Herz gelegt hatte und in der nordeuropäische Windräder als alternative, hochwirksame Energieträger angepriesen wurden. Zerstreut ertastete er mit seinen nackten Fussohlen die sich angenehm kühl anfühlenden Badezimmerfliesen. Mit einer Grosszehe berührte er ein zerknülltes Stück Papier, welches der Musiker sorgsam aufhob und mit seinen Fingern behutsam glättete, an denen nur noch leuchtete. >Für Aaron< lautete seine Titelzeile:

> In deinem weissen, kaltem Schneegrab siehst du über dir
> die grünen Zweige, die sich leise im Ostwind bewegen,
> knistern. Einen gnadenlosen Tod bist du gestorben,
> weil verhungert. Deine erschrockenen Augen scheinen
> gebrochen. Jetzt bist du ganz still.
>
> Jedoch, dein grünblaugrauer Bauch ist noch warm.
> Will mein vergebliches Streicheln nicht mehr spüren.
> Dein lilafarbener Kopf wird sich nicht mehr aufrichten,
> fällt nickend auf deine stolze, flaumige Brust.
>
> Deine hellen, dunklen Töne werden nicht wiederkehren.
> Allein eine Feder hast du mir hinterlassen,
> die mir von deinen zärtlichen Gesten erzählt.
> Jetzt bist du ganz still.
>
> Leidenschaftlich zeigst du mir deine spitzen Krallen,
> Dein Schnabel kann den frischen Schnee noch riechen.
> Wie gerne lägst du jetzt mit pochendem Herzen
> und lebendig in meiner warmen Hand!

Durch Marthas Worte aufgewühlt öffnete er die Badezimmertür, um nach der Frau zu sehen. Die aber sass - ungekämmt und ungewaschen - bereits auf der Sonnenterrasse, um dort zu frühstücken. Auf dem Bett hatte sie für Aaron ein schmuckes, neu erstandenes Shirt ausgebreitet. Es trug die Farben Grün, Blau, Grau und Lila. Ein leicht provozierendes Outfit für das fidele Abendkonzert dieses barocken, venezianischen Hofkomponisten, freute er sich. Warum nur, überlegte er, habe er es nie gewagt, so zornig, aggressiv und unprofessionell zu singen wie der Rockbarde Dylan. Vielleicht wäre er dann so alt geworden wie dieser gute Mann aus Minnesota. Sie hoffe, Aaron - Eddy genannt - nicht allzu harsch angegangen zu sein, entschuldigte sich Sophia, die ein elegantes, enganliegendes, schwarzes Kostüm trug, das ihre lange, hagere Gestalt hervorhob. Ihre roten Haare hatte die junge Frau zu zwei Zöpfen gepflochten und kunstvoll oberhalb ihrer Schläfen zu einem beeindruckenden Haarkranz gebunden. Die Frisur liess ihre schmale, geradlinige Nase, die runden, braunen Augen und ihre wohlgeformten Wangenknochen hervorstechen. Zu dritt standen sie vor dem Gebäude, das in Valletta die Oper und den Kammersaal beherbergte, und verfolgten beglückt den reichlichen Zustrom an der Klassikmusik interessierter Beucher. „Sag' mal, Aaron“, fragte sie den Rockbarden, der mit betonter und gespielter Gleichgültigkeit dem Zulauf an Zuhörern zuschaute, „bist du etwa in faule Geschäfte verwickelt? Bitte verzeih' meinen Verdacht, falls es sich bei den beiden Entführern nicht um FBI-Männer, wie Karl vermutet, sondern um die um ihre Beute geprellten Diebe der Poe-Werke gehandelt haben sollte!“ Nervös zupfte Martha an ihren blonden, zerzausten Locken. In diesem Augenblick sprang der vermisste Karl die breiten Treppenstufen der ominösen, maltesischen Opera hinauf, die eher einem Ehrfurcht einflössenden, sizilianischem Gerichtsgebäude ähnelte als einem beglückenden Kunsttempel, und begrüsste völlig ausser Atem das Trio. „Die Ärzte im Krankenhaus haben mir dazu geraten, bei der hiesigen Polizei eine Strafanzeige aufzugeben“, hechelte er.

Seine blutunterlaufenen Augen waren weitaufgerissen. Klatschnasse Haarsträhnen klebten an seiner schweissgebadeten Stirn und auf seinem Nasenrücken ein bombastisches, grosses Plaster. „Du musst mir glauben, Elvis! Es war einfach scheusslich!“, unterstrich der Verprügelte heftig gestikulierend seine Ohnmacht und Wut, „nachdem ich in ein Krankenzimmer mit zwei alten und senilen Maltesern gesteckt worden bin, die sich pausenlos, zudem entsetzlich laut in ihrer seltsam abgehackt klingenden Muttersprache - dieser komischen Mixtur aus Arabisch und Italienisch - unterhalten haben, bin ich einfach aus dem Hospital abgehauen. Halb irre habe ich mich gefühlt!“ „Was ist passiert?“, fragte Aaron. „Da waren zwei Amerikaner - FBI-Leute, die mir vor der Bar aufgelauert haben, mich in eine Autogarage verschleppt und mir unter Androhung von weiteren Prügeln ein Glas Wasser aufgezwungen haben, in das sie eine mich berauschende Droge gemischt hatten, um mich besser ausfragen zu können. Die beiden Kerlen haben mich mit Fragen bombadiert: Ob sich hinter dir ein verkappter Terrorist oder ein illegaler Waffenschieber verbergen würde? Denn deine offiziell angegebenen Personalien seien mehr als glaubwürdig und zweifelhaft. In den USA lege kein gültiger Geburtseintrag, geschweige denn, so etwas wie ein fester Wohnsitz vor. Deine Biografie gleiche einem Wurf mit Nebelkerzen. Man müsse aufgrund deines Waffenbesitzes am Flughafen von Memphis, deiner merkwürdigen Verbindung zu einem algerischstämmigen Fussballer und deiner undurchsichtigen Geschäfte in Marseille von den schlimmsten Befürchtungen ausgehen.“ „Aber du weißt doch genau, wer ich bin!“, unterbrach der Musiker den Wortschwall seines deutschen Freundes. Mitfühlend und mit einem schlechten Gewissen betrachtete er die im Stress blutig aufgekratzen Unterarme Karls, dessen durchgeschwitztes, schmutziges Oberhemd und die staubigen Sandalen. „Ich will den Schaden wiedergutmachen, indem ich dir die Hälfte unseres Finderlohnes für die sichergestellten Dichterwerke vermache“, Aaron griff dem erschöpften, schwankendem Mann mit seinen durch den Karatesport geübten Armen unter die Schulterachseln, „du weißt doch, dass ich an dem Ort, wohin ich bald gehen werde, kein Geld brauche.“ „Was für ein verrückter Typ!“, sagte sich Sophia.

„In der Handhabung Ihres Violinbogens sind Sie bewunderswert leicht. Dazu bringen Sie eine klare, präzise und lebendig präsentierte Tonfolge hervor“, lobte der Sänger feierlich die Vennezianerin. „Das schafft die Musik allein“, bedankte sich die Künstlerin, „die Kompositionen des variationsreichen und harmoniebetonten Vivaldi werden heute bewusst schräg - etwa vom Geiger David Garrett - und in einem rasanten Tempowechsel interpretiert. Aber so wie in Ihren Live-Konzerten der Fall, verehrter Eddy, über-nimmt das Orchester die Hälfte der Arbeit, wiederholt und vervoll-ständigt die von mir vorgegebenen Melodien.“ „Ich höre Vivaldi gerne“, beteuerte Martha, „wenn ich in meinem Garten die Findlinge neu setze, den Fischteich reinige oder Laub zusammen-fege. Ein Lautsprecher auf meiner Terrasse macht’s möglich.“ Die vier Freunde hatten sich nach dem Konzert erneut in die Elvis-Bar zurückgezogen und dort bereits die zweite Flasche Wein entkorkt. Nur Karl hielt sich tapfer an ein Glas reinen Wassers. Sein Gesicht wirkte immer noch schmerzverzerrt. „Auch du, Martha, bist in das Visier dieser Typen geraten. Sie wissen zum Beispiel, dass dein Grossvater mütterlicherseits ein deutscher Nazi war, du deine journalistische Laufbahn grundlos abgebrochen hast, um in Colorado ein neues Leben zu beginnen - und zwar als professionelle Schamanin, die davon überzeugt sei, mit den jenseitigen, unglücklichen Seelen Kontakt aufnehmen zu können.“ „Warum sagst du nicht gleich, dass sie mich für eine närrische Spinnerin halten?“, säuselte die Malerin angetrunken, „es ist allgemein bekannt, dass das FBI für dümmer gehalten wird als die CIA-Spitzel.“ Sich an diesem Abend verloren fühlend blickte sie ihr halb so altes Gegenüber am Tisch an - auf die sich ihrer so sicher und bewusst scheinenden Italienerin, die mit dem Rockmusiker vergnüglich Glasuntersetzer mit dem Bildnis des jungen Elvis austauschte. „Darf ich Sie alle etwas fragen?", wandte sich jäh eine ältere Frau mit dauergewellten, blondierten Haaren an das ausgelassen feiernde Quartett, „kann ich in dieser Spelunke einen guten Wein - etikettiert mit einem Portrait von diesem ungewöhnlich gutem Sänger - erhalten?" Misstrauisch starrte Elvis auf die rätselhafte Person, die einen für die maltesischen Temperaturen viel zu dicken Mantel trug. Auf ihr stark gepudertes Gesicht, welches ihn an eine indianische Totenmaske erinnerte.

„Um gleich auf den Punkt zu kommen", berichtete die Unbekannte in einem hölzern, hart klingenden Englisch, „ich bin die Sicherheitschefin einer weltweit erfolgreich agierenden Weltkirche, welche sich mit dem Thema Reinkarnation befasst." *„Shot of Love - The Gozo Elvis Wine!"*, mokierte sich Karl über den seltsamen Gast, „das Flaschenetikett darf der Gast dann aussuchen. Zum Beispiel: *„Elvis & His Guitar/ Smiling Elvis/ Thick Elvis & His kissing Good-Bye/ Country-Boy Elvis/ Elvis & His Eagle Dreams/ The Famous Dollar Man Elvis/ Having Sexy Wines With Elvis."* „Dieser spezielle Wein sollte ein dunkelroter, besonders vollmundiger sein. Ausgestattet mit einem verführerisch-dämonischen Bouquet!", scherzte die betrunkene Sophia. „Es gibt Fälle von Wiedergeburt", erzählte die Frau im dunkelgrünen Mantel, wobei sie den wie gelähmt erstarrten Elvis unerbittlich musterte, „in denen sich der betroffene Mensch in völliger Unkenntnis darüber befindet, dass durch seine Person ein bereits erloschenes Leben wiedererweckt und fortgeführt wird." „Wollen Sie uns verkaufen, dass Sie von Ihrer Zentrale in Los Angeles aus um den halben Globus gereist sind, nur um auf dieser gottseligen Insel diesen harmlosen Mann mit Ihren dubiosen Ansichten zu belästigen", zischte Martha. „Unsere internationale Kirche besitzt im Mittelmeer ein komfortables Kreuzfahrschiff, auf welchem sie in der warmen Jahreszeit Fortbildungsseminare für ihre Führungskräfte anbietet", erwiderte die Dame regungslos, „dort wurde ich über einen TV-Spot informiert, in dem der längst verstorbene Musiker Elvis Presley für ein Parfüm wirbt. Mit dem Tip, dass sich dieser Mann auf Malta in dem Hotel Valletta aufhalten könnte. Mein Name lautet übrigens Mrs. Malody!" „Das gibt Ihnen noch lange nicht das Recht, uns ungefragt zu fotografieren, Mrs. Melody!", lallte die Italienerin, während der Rockbarde sein gefülltes Weinglas in nur zwei Zügen leerte. „Bedeutet das Wort >Malodorous< nicht überriechend?", frotzelte der nüchtern gebliebene Karl, „Vergessen Sie Ihr achtzackiges Erleuchtungsprogramm! Warum reissen Sie stattdessen diesem armen Kerl", er wies auf Aaron, der eine dritte Flasche Wein öffnete, „nicht einfach ein Büschel Haare heraus? Schicken die in die USA, wo sich vielleicht ein alt gewordenes Starlet findet, welches er einmal vernascht hat und von Elvis ein Andenken - etwa ein Brusthaar aufbewahrt hat?" „Ich gehe nicht davon aus, dass dieser Mann Elvis sein könnte. Aber davon aus, dass er in seiner Person weiterleben könnte", antwortete Mrs. Malody. „I'm evil - ich bin ein Bösewicht. Richten Sie bitte Cilla von mir aus, dass es mir gut geht und sie meine grosse Liebe war", platzte es aus dem betrunkenen Musiker hervor. Arglos trat der Barbesitzer nun an seine Gäste heran, bot als Abschlusstrunk einen Likör gratis an. „Ich heisse übrigens Eduardo. Kurzum: Eddy!", sagte er freundlich.

Den Titel *"Until it's time for you to go"* sang der volltrunkene Musiker - gestützt von Karl - auf ihrem gemeinsamen Heimweg. *„You are not a dream or an angel, but a woman. I'm not a king, but a man. Take my hand, please"*, brüllte der Mann wie ein räudiger Kater und stolperte in der lauen Herbstnacht über das Kopfsteinplaster einer verwinkelten, mittelalterlichen Gasse zu der nahen Herberge - vorbei an den Balkonaden der sehr alten Steinhäuser, die im ersten und zweiten Stock zierliche, befensterte Balkonaden schmückten. Die meisten der zahlreichen, kleinen Fensterläden waren in der Nacht weit geöffnet und verwandelten die Balkonade zu einem einladenden, erweitertem Wohnraum. „Sieh nur, Marshmarigold!", rief er heiter, „deine kleinen Lieblinge sind noch wach.“ Er wies auf fünf oder sechs herumstrolchende Katzen. „Wie die sollten wir in dieser abgewirtschafteten Filmkulisse herumtollen und eine Familie gründen.“ „Auf dieser abgedrehten, ausgeplünderten Erde, auf welcher es nur noch Gewinner und Verlierer zu geben scheint, werde ich keinen Nachwuchs zur Welt bringen“, beklagte sich die attraktive Sophia, vergeblich darum bemüht zu ihrer beherrschten Haltung zurückzufinden. Die Italienerin schwankte auf dem Gehsteig hin und her. „Dieser Planet ist überfüllt von hyperaktiven, gedankenlosen Menschen, deren Plastikmüll tonnenweise im Meer versenkt wird. Überfüllt von hungrigen, vergessenen Mäulern, welche im Wohlstandabfall nach verwertbarem Elektroschrott suchen“, säuselte sie sich im Arm von Karl einhakend. „Vielleicht war mein überaus schreckliches Ende eine Art Strafe für ein Leben, das wie ein Rausch an mir vorbeigezogen ist. Die Krankheit, die ich mir nicht erklären konnte, hat mich angeglotzt wie ein kalter, nimmersatter Fisch. Manchmal ist es mir so vorgekommen, als sei ich selbst dieser Fisch gewesen, der mir sagen wollte: Du hast nicht gut auf dich aufgepasst!“ *„I'll remember you“*, begann Aaron den gleichnamigen Song in vollen Tönen zu schmettern, indem er einzelne Worte in die Länge dehnte oder einzelne Silben auf seine beinahe unnachahmliche Weise verschluckte, *„long after this endless summer has gone, Ill be lonely - oh so loneley/ living only to remember you ... Your voice as soft as the warm summer breeze, your sweat laughter mornings after ... oh, you'll remember too.“* Müde öffnete Martha die Schwungtür des Hotels. „Bedeute ich diesem traurigen und feinem Prinz vom anderen Stern irgendetwas?“, fragte sie ihn traurig. „Du bist mein kosmischer Wegbegleiter. Du bist meine letzte, grosse Liebe.“

X.

Drei Tage später landeten der Zeitreisende und seine Begleiterin, ohne neuen Widrigkeiten ins Auge sehen zu müssen, auf dem Ben Gurion Flughafen nahe Tel Aviv. Karl und Sophia hatten beschlossen, gemeinsam einige Monate auf dem spanischen Gomera zu verbringen. Freudig hatte der deutsche Freund den versprochenen Verrechnungsscheck von Martha und Aaron entgegengenommen. Die Liebe zwischen den beiden müsse schliesslich keine Ewigkeit währen, meinte der Musiker zu Tränen gerührt, als Sophia ihm als Abschiedsgeschenk eine eigens für ihn komponierte, kleine Violinsonate auf einem Notenpapier überreichte. „Sei vorsichtig!", neckte ihn Karl beim Abschied, „die toughen, israelischen Frauen haben sogar ihren ehemaligen Staatspräsidenten wegen sexueller Übergriffe hinter Gitter gebracht." Er sei aufgrund seines unrühmlichen Abganges doch längst gezähmt", gab der zu verstehen. An diesem beinahe schon als kühl zu bezeichnenden Nachmittag im Frühherbst irrte Aaron mit dem bestückten Gepäckwagen zwischen den vor dem Flughafen parkenden Bussen herum, in denen Martha Reisende nach dem richtigen Anschluss für das Gästehotel eines Kibbuzes fragte, das sie vom einem früheren Aufenthalt her kannte. Die israelischen Flugkontrolleure hatten, um einen möglichen Anschlag auszuschliessen, keinen der ungezählten Maltöpfe und Farbtuben ungeprüft gelassen, auf deren Kauf die Künstlerin am Vortag in Valletta unbedingt bestanden hatte. So war jede einzelne Dose geöffnet und eine Probe entnommen worden. Aus dieser Palette an Farben hatte Aaron spontan ein kaleidoskopisches, mit den Tönen spielendes Panorama geschaffen. Stolz hatte er sein bildnerisches Debütwerk auf die Gepäckstücke gelegt. „Was wirst du als nächstes malen, Marshmarigold?" „Dich! Der richtige Linienbus ist gefunden", erklärte sie ihrem Partner freudig, „das Gästehotel existiert bis heute." „Warum nur bin ich jetzt gerade hier - in diesem gefährdeten Land?", stimmte das Ex-Idol ein weiteres Gospellied an, *„Lord, help me walk. Another mile, just one more mile. I'm tired of walking alone. Lord, help me smile. Another smile, just one more smile. You know I just can't make it on my own."*

„Sind Sie jüdisch?", fragte die alte Frau, die neben Aaron im Bus Platz genommen hatte. Sie trug ein geblümtes, gelbgrünes Kopftuch, unter dem ihr grausilbernes Haar hervorschimmerte. „Oh -nein, ich bin getauft!", verschämt versuchte der Rockbarde seine Kette mit dem auffälligen Anhänger - einen mit blauen Saphiren besetzte Davidstern - zu verbergen. Den hatte ihm einst seinen Mutter im Andenken an Mrs. Tackett geschenkt. „Ich denke, Jesus war ein Vorbild", sagte Aaron, „er hat die Menschen zu seiner Zeit mit seiner Nächstenliebe, Bescheidenheit und Gottesfürchtigkeit für sich eingenommen." Still überdachte der Musiker sein wildes, manchmal zügelloses Leben. „Aber wäre sein Wirken heute noch so denkbar? In der Gegenwart angekommen müsste er für seine Unternehmungen wahrscheinlich Steuern zahlen. Mit Sicherheit war er ein Sohn, der seine Mitmenschen nicht wirtschaftlich ausgebeutet hat", meinte die Schweizerin, „vielleicht wäre er heute ein Aussenseiter, den niemand ernst nimmt. Oder ein Geschäftsmann, der - um sich selbst zu verwirklichen - lukrative Südseeimmobilien als Heile-Welt-Oasen verhökert. Wissen Sie, meine Tochter wird jetzt vierzig. Ich bin gerade auf dem Weg zu ihrer Hochzeit. Es ist ihr nichts Besseres eingefallen, als einen jüdisch-orthodoxen Mann zu ehelichen. Ich glaube, sie sehnt sich nach tragenden Werten." „Ist das so schlimm?" Aaron konnte sich ein Lächeln nicht verkneifen. „Grinsen Sie bitte nicht so unverschämt! Wissen Sie, an wen mich Ihr leicht schräg herabhängender Mundwinkel erinnert? An meinen Judendschwarm - an den schönen Elvis!" „Der linke Mundwinkel meiner Partnerin zuckt häufig, wenn sich die Dame aufregt." Er sah zu Martha hinüber, die gedankenversunken und träumend auf die goldgelbe und steinige Landschaft blickte. „Dann ergänzen sie sich ja beide grossartig!“, sagte die Reisende.

„Wenn du zu deinem Stern zurückkehrst“, erklärte Martha ihrem Geliebten, „solltest du dich vor einer Kollision mit dem Weltraumschrott hüten.“ Jahrzehntelang achtlos in die Umlaufbahn der Erde geschossen soll dieser Müll nun auf eine spezielle, sogenannte Friedhofsbahn umgeleitet werden, da Raketen, Satelliten und Raumstationen in Gefahr geraten seien, von dem kosmischen Abfall beschädigt zu werden. Die Vorstellung als Weltraumleiche an einem Blechteil hängend immerfort um diesen Planeten zu surfen, fand Aaron lustig. Friedfertig lauschte er auf dem schmalen Balkon ihres Gästezimmers dem zarten Blätterrascheln einer hochgewachsenen, schlanken Birke. Es sei ein schieres Wunder, dachte er, dass dieser elegante und anspruchslose Baum, der viel Wasser zum Gedeihen benötige, in diesen heissen Gefilden überleben könne. Endlich fühlte er sich wohl - so auch am frühen Morgen, als er mit Martha und anderen Kibbuzgästen in einen Anhänger gestiegen war, der - von einem roten, uralten Trecker gezogen - die Gruppe auf einem holprigen Weg zum Mittelmeerstrand brachte. Das helle, gleissende Sonnenlicht schien seine nach den langen, anstrengenden Konzertjahren ermattete Haut noch einmal zum Atmen zu bringen. Sogar das matschig geratene Reisgericht aus Nüssen, Hühnchenfleisch und frischen Früchten, welches in einem riesigen Bottich für die sich am Meer vergnügenden Kinder der Kibbuzim und die Strandgäste herbeigeschafft worden war, hatte ihm gemundet. „Weißt du eigentlich, dass ich dich in den Filmen, die am heissen Sommerstrand spielen, nie wirklich mochte?“, sagte Martha, die im Sand liegend döste, „deine Filmrollen - ich glaube, es sind ungefähr fünfundzwanzig an der Zahl - sind leicht zu umreissen: Der ewige Romeo fährt ein schickes Caprio und trifft auf Julia. Ein an sich zweifelnder, angehender Bühnenstar, der zwischen seiner Liebe zu einer gefährlichen Lolitta und einem überirdischen

Unschuldswesen entscheiden muss. Der Strandlümmel, der die Hemdsärmel hochkrempelt und es dem korrupten Business zeigt. Der Rennfahrer, der mit Nancy Sinatra im Sexy-Baby Doll flirtet. Der Automechaniker, der Ann Margaret und ihren Hot Pants nachguckt. Der Motorradnarr, der sich prügelt und auf Jahrmärkten herumtreibt. Der stramme Schiffskapitän mit der engen Pearl-Harbour-Bindung. Die Aufbruchstimmung dieser Jahre verkommt in deinen Filmen zu einer bieder verkrampften Tanz- und Partygesellschaft, die zu popartigen Rhythmen gymnastische Übungen vollbringt." „Angesehen hast du dir meine Filme aber trotzdem! Mein Tanzduett in >*Viva Las Vegas*< mit Ann war schlichtweg Sahne", liebe Martha!" Ein etwa vierzehnjähriger Junge tauchte plötzlich vor ihr auf und fragte sie, ob sie mit ihm Badminton spielen wolle. In diesem Augenblick - er sah die tiefschwarzen, wunderschönen Augen des Knaben - kam er sich regelrecht überflüssig vor. Ein Hauch von Eifersucht durchdrang seinen gealterten Körper. Ein unangenehmes, trauriges Gefühl, das ihm auch jetzt - auf dem Balkon vor dem Gästezimmer wieder präsent wurde. „Larry hat uns eine neue SMS geschickt", die Malerin trat auf Aaron zu und las die winzigen Letter vom Bildschirm des Handys ab:

Mache mir Sorgen um Euch. Komme in dieser Woche nach Israel. Euer Freund Larry

Hinter einem länglichen Fertigbau, in dem eine Räumlichkeit am Freitagabend für die Schabbatfeier genutzt wurde und sich ein zweiter als Frühstücksraum anschloss, wo früh morgens ein üppiges Buffet mit frischen Teigwaren, unterschiedlichen Salaten und Käsesorten angeboten wurde, lag ein für alle Besucher zugänglicher, begrünter Innenhof. Dort hatte die mollige, quirlige Elenora - die Betreuerin der Kibbuzgäste - mittels breiter Holzpaletten eine provisorische, zwanzig zentimeterhohe Bühne errichtet. Um sie herum standen willkürlich angeordnet grün- oder graubetuchte, geschmackvolle Strandliegestühle. Angesagt hatte Elenora, die eine frech wirkende, ausgefranste Kurzhaarfrisur trug, für diesen Abend eine gesellige Veranstaltung mit israelischen Tänzen. „Den Bengel vom Strand könnte ich mir als meinen Sohn vorstellen", war Martha weiterhin am Schwärmen. „Er sich dich wohl eher als gereifte Frau, die ihn in die Liebeskunst einführt", ärgerte sie Aaron. Was solle das nur geben?, fragte er sich, dem es in den Zehen- und Fingerspitzen kribbelte, insofern er Bühnenbretter für sich entdeckte - etwa ein belangloses Händchenhalten mit Ringelreihen? Ein gelungener Auftritt, so erinnerte er sich, habe auf ihn wie eine euphorisierende Glückspille gewirkt, die alle inneren Unsicherheiten mit einem Schlag vom Tisch räumte. „Du hast den grossen Auftritt geliebt, stimmt's?", fragte ihn Martha. „Vor allem war ich gefährlich abhängig vom Urteil meines Publikums." „Waren Sie ein Schauspieler, Mr. Predley?" Elenora hatte Marthas Chabbiskerzen auf deren Wunsch hin mit einem Untersetzer versehen, im Garten auf einen Stein gestellt und angezündet. „Nun, ich habe mich zeitlebens bemüht, etwas Leidenschaft in den langweiligen Verlauf der Dinge zu bringen." „Falls Sie lieber in der dunklen Ecke, in dem Nichts da verweilen möchten, kann ich Ihnen auch unsere Bunkeranlage unter dem Frühstücksraum zeigen, Mr. Predley." „Das Nichts ist keinesfalls dunkel, Elenora!", antwortete Aaron, „ich stelle fest, dieses Land hat schon bessere Zeiten erlebt!" In Windeseile hatten sich etwa fünfzehn Personen im Garten zum Tanzen zusammengefunden. So zwei befreundete, sich bereits im Rentenalter befindende, jüdische Ehepaare aus Schweden. Ein Liebespaar aus Österreich, das die Urlaubsreise in einem Preisausschreiben gewonnen hatte. Ein Schweizer, der in Israel zum Judentum übertreten wollte und mehrere argentinische Jugendliche, die ein ganzes Jahr lang gegen Unterkunft und Verpflegung in der Landwirtschaft der Kibbuzgemeinschaft arbeiteten. Der Musiker dachte an seinen jüdischen Jugendfreund George Klein, während er die ersten Schritte in der Tanzrunde tat. Mit Deinen Fressattacken und Pillen stösse er sein eigenes Denkmal vom Sockel, hatte der ihn kurz vor seinem Tod gewarnt! Köstlich würde sich sein Freund über sein jetziges Gehopse amüsieren. „Aufrecht stehen und locker in der Hüfte bleiben!“, mahnte Elenora die Tanzenden, „Zunächst den rechten Fuss vor den linken setzen - den linken hervorziehen, dann den rechten Fuss hinter den linken setzen. Wir drehen uns einmal um uns selbst, fassen uns an den Händen und gehen in vier Schritten mit emporgestreckten Armen in die Mitte des Kreises und wieder in vier Schritten auseinander. Wir drehen uns jetzt zur Seite, legen den rechten Arm auf den Nachbarn, der vor uns steht - gehen vier Schritte vorwärts und strecken den rechten Fuss mit der Hacke nach vorne und dann den Fuss mit der Spitze nach hinten. Drehen uns erneut zur Mitte und tanzen erneut - den Allmächtigen ehrend - eine Ziehharmonika!“ Immerhin, dachte der schwitzende und fiebernde Musiker, während sich das Tempo der Musik erhöhte. Sich so frei unter fremden Menschen habe er sich in seinem alten Leben nie bewegen können. Seine Villa sei im Laufe der Jahre zu einer Schutz- und Trutzburg verkommen. „Locker in der Hüfte bleiben! Nicht mit den Füssen am Boden kleben!“, rief die Tanzlehrerin, „Sie machen das ganz toll, Mr. Predley. Angesichts Ihres Körpergewichtes bin ich erstaunt, wie leicht, schnell und elegant sie über unser Parkett schweben!“ *„You saw me crying in the chapel. The tears I shed were tears of joy. I know the meaning of contentment, I am happy with the lord ... Take your troubles in the chapel, get down on your knees and pray. Then your burdens will be lighter and you'll surely find a way“*, erhob Aaron seine tiefe Stimme, welche über die Gartenanlage tönte. „You do have the beautiful voice of a man, but in this voice lives the man - the human being - himself“, sagte Elenora erstaunt. „Elvis has left the stage“, murmelte er leise.

XI.

„Die Lage sieht ernst aus, Mr. Predley!“, erklärte Elenora ihrem musikalischen Gast am nächsten Morgen im Frühstücksraum, „ich konnte nicht in Erfahrung bringen, worum es geht, aber im Foyer warten zwei Herren auf sie, die sie unbedingt sprechen möchten.“ Der gutgelaunte Sänger zeigte wenig Interesse, der Aufforderung zu folgen. Missmutig steckte er einen Notizzettel von Martha, auf dem sie die Ankunftszeit von Larry vermerkt hatte, in die Hosentasche. Die Frau war bereits zum Gewächshaus der Siedlung aufgebrochen, um sich dort deren Gemüsezucht anzusehen. So tief wie in den letzten beiden Nächten hatte er - wie ihm schien - in seinem ganzen Leben nicht geschlafen. Den gestrigen Schabbath hatte er vergnüglich zusammen mit seinem Herzblatt am Strand verbracht, wo Martha ihn auf einer Luftmatraze im Meer paddelnd porträtierte. „Warum zeichnest du nicht gleich ein verfressenes, verwöhntes Kind?“, hatte er sie halb im Ernst gerügt. „Es lohnt sich nicht, negativ zu sein“, lautete ihre Antwort, „irgendwann wird unsere Erde unweigerlich von einem schwarzen, kosmischen Loch, welches sich vom Rande unserer Galaxie diesem blauen Stern nähert, verschlungen sein.“ „Die traurigen Stunden sind den glücklichen ebenbürtig“, hatte er ihr trotzig geantwortet. Sein Vorbild sei der hawaiianische Volksheld Maui gewesen, der sich darüber aufregte, dass die Menschen verstohlen wie Eidechsen am Boden schlängelten. Nachdem er einen Zaubertrank zu sich genommen habe, habe er den Himmel in die Höhe gestemmt. Seitdem könne der Mensch darüber entscheiden, ob er kriechen oder aufrecht gehen wolle. Dies sei ja eine ehrenwerte Einstellung, hatte Martha nur gelacht, jedoch gestrig und überholt. Alles entscheidend sei doch die Machtfrage! Auch Liebe sei doch eine Form der Macht, hatte er ihr fast hilflos entgegnet. Sorgsam entfernte Aaron die vom Frühstück verbliebenen Brötchenkrümel von seinem schneeweissem Shirt, das er im

Souvenirladen des Gästehotels gekauft hatte. Neben einem grossen, rotem Herzen prankte darauf die Inschrift “I like Israel”. Unruhig stand er auf und blickte nervös zu den beiden jungen Männern hinüber, die salopp gekleidet am Empfangsschalter auf ihn warteten. „Das sind zwei Herren vom israelischen Innenministerium“, bemerkte Elenora mit besorgter Miene, „wir nennen sie ‘Sajanim’, freiwillige Helfer des Mossad.“

Der Amerikaner wunderte sich darüber, dass diese Männer anscheinend immer im Doppelpack aufträten. Doch er versuchte sich mit der Vermutung, wie alle anderen auch zu viele, schlechte Agentenfilme gesehen zu haben, zu beruhigen. Nach der festen Zusage, ihn nach der Befragung unversehrt und unverzüglich ins Kibbuz zurückzubringen, war er in den französischen Kleinwagen gestiegen. Es gäbe, was seine Personalien und Vita betreffe, Ungereimtheiten, welche sich in einem Gespräch bestimmt klären liessen. Man müsse, wo sich im angrenzenden Syrien >Al Quaida< ähnliche Gruppierungen bilden und im Libanon die Hisbollah zum Staat im Staate würden, leider jedem Zweifel und Verdacht nachgehen. Vielleicht sei es an der Zeit, überlegte Elvis ernsthaft, nun nun endlich die Wahrheit erzählen. Jedoch bezweifelte der Sänger, dass ihm jemand die Geschichte von seiner irdischen Rückkehr abnehmen könnte. Schliesslich sei er zu Lebzeiten nicht der gläubige Jesus von Nazareth, sondern nur der profane King des Rock’n Roll mit dem berühmten Hüftschwung gewesen. Und was könne er dem israelischen Geheimdienst letztendlich über seine Motive, die ihn zu einer Rückkehr bewogen hatten, schon berichten? Ausser, dass ihm im Augenblick des Todes, als er sich schmerzerfüllt die Zunge zerbiss, ein Knäuel, ein Wirrwarr an Gedanken beherrschte. Der erste Gedanke galt seiner kleinen Tochter, die er zurückliess, ohne sich verabschiedet zu haben. Die sass ahnungslos in seiner Villa am Frühstückstisch mit ihren Spielsachen, als er ging. Der zweite gehörte seinen Musikern, die bereits - ihre Reisetasche gepackt

- mit ihm an diesem, seinen Todestag, auf seine erste Europatournee gehen und zwar nach England fliegen wollten. Dort lebten nun seine Enkel. Warum nur, fragte er sich verzweifelt, befand er sich gegenwärtig auf dieser öden, dreispurigen Autostrasse auf dem Weg nach Tel Aviv und nicht bei Benjamin, Riley oder den kleinen Zwillingstöchtern von Lisa Marie? Der dritte Gedanke ähnelte eher einer bösen, düsteren Ahnung - so seiner Befürchtung, angesichts des damals explodierenden, kommerziellen Musikmarktes sich selbst und die Marke >Elvis Presley< überlebt zu haben. Er fühlte die Häme über das lächerliche Dickerchen und den abgewrackten Pillenjunkie, als sich seine Hände hilflos in den Flokati-Teppich krampften. Mehrere PKWs überholten den Kleinwagen, der immer langsamer fuhr, zu beiden Seiten. „Wir sind im Stau", bemerkte einer der wortkargen Mossadmänner.

Das Fahrzeug bog vor der Tel Aviver Skyline in eine schmale Strasse, eingerahmt von einer Reihe unscheinbarer, grauer Bürogebäude. Die israelische Regierung habe doch ihren Sitz in Jerusalem, grübelte der Musiker, doch er getraute sich nicht nachzufragen. Ephrahim Schawit - ein schlanker, hochgewachsener Israeli - wartete bereits in seinem schlichten Büro, in der er unter einer mannshohen, hübschen Zimmerpalme vor seinem PC verweilte, auf den verdächtigen Eddy A. Predley. Vor dem jungen, etwa dreissigjährigen, kühl erscheinenden Ermittler lag auf dessen Schreibtisch eine Postsendung aus den USA. „Wir sind beunruhigt und verstört, Mr. Predley", sagte er freundlich, gleichzeitig herausfordernd, indem er den Sänger auf einen niedrigen Holzschemel als Sitzgelegenheit verwies. „Diesen Colt Phyton aus dem Baujahr 1955", er liess die Waffe aus dem geöffneten Päckchen polternd auf die Ablage fallen, „hat uns das FBI zukommen lassen. Das Schiessgerät mit dem wirklich hübschen, pinkfarbenen Griff wurde bei Ihnen beim Einchecken am Airport in Memphis sichergestellt." Auf dem Gesicht des Agenten konnte Elvis ein amüsiertes Lächeln ablesen. „Dieser inzwischen wertvolle Colt“, Ephrahim Schawit musterte interessiert das billige, weisse Touristenshirt und die buschigen, breiten Koteletten seines Besuchers, der Mühe hatte auf dem kleinen Hocker sein Gleichgewicht zu halten, „diese Waffe - Mr. Predley - ist registriert, nicht als gestohlen gemeldet und stammt sagenhafterweise aus dem Besitz des längst verstorbenen Sängers Elvis Presley. Das FBI hat ein Auge auf ihre Person geworfen, nachdem sie sowohl mit einem Diamantenhändler in New York als auch mit einem Londoner Geschäftsmann undurchsichtige, hohe finanzielle Transaktionen getätigt haben sollen. Begleitet wurden Sie - so das FBI - auf Malta von einem zwielichtigen Deutschen und in Israel von einer rätselhaften Pariser Journalistin. Was führt Sie in dieses Land und woher haben sie diese Waffe, guter Mann?“ „Ich hoffe, jetzt auf Sie nicht lächerlich zu wirken, aber ich bin ein felsenfester Elvis Presley-Fan, Mr. Schawit!“, der Musiker setzte sein Pokergesicht auf, „sogar äusserlich versuche ich meinem Vorbild zu gleichen. Natürlich kenne ich Graceland. Bei einer Besichtigung konnte ich der Versuchung nicht widerstehen und habe aus einer dort ausgestellten Vitrine den Revolver gestohlen!“ Betrübt blickte Aaron auf den für ihn wohl verlorenen Colt, den er im Western “Flaming Star” im Hüftgurt getragen hatte. „Sie geben folglich einen Diebstahl zu?“ Der Sänger nickte. „Aus ihren Personalien ist zu entnehmen, dass Sie Antiquitätenhändler sind?“ „Ich sehe gerne zurück, beschäftige mich mit alten Dingen“, gab der Befragte zu, wobei er versuchte, bei seinem Gegenüber einen möglichst harmlosen Eindruck zu hinterlassen. „Martha - das ist die Dame aus Paris - arbeitet jetzt als Malerin. Sie tat mir leid“, er unterstrich die Aussage mit einer ernsten Miene, „seit dem Tod ihrer Mutter quält sie ein Zustand der inneren Zerrissenheit. Manchmal fühlt sie sich wie das >Haus Usher<. Das ist eine Erzählung von Edgar Allen Poe. Tiefe Risse durchziehen sein Mauerwerk, bis es schliesslich zusammenbricht.“ „Folglich wollten Sie der Dame mit einer längeren Urlaubsreise einen Gefallen, etwas Gutes tun?“ Elvis bejahte erleichtert. „Ihre angepriesene, soziale Ader in allen Ehren, Mr. Predley - so heissen Sie doch, nicht wahr?“, sagte der Mossadagent, während die Stimme seines Gegenübers ihn an einen Song erinnerte, den seine Frau seit drei Monaten nach dem Aufstehen im Badezimmer regelmässig auf dem CD-Recorder abspielte. *„Everybody has his flaming star, yeah yeah“* klingelte in seinen Ohren, während Ephrahim Schawit sich zu konzentrieren versuchte. „Erklären Sie mir bitte“, fuhr er fort, „warum Sie - abgesehen von dem erst vor kurzem angemeldeten, gemeinsamen Wohnsitz bei Mrs. Mellow in Colorado - über ihre gesamte Lebensspanne hinweg, sie umfasst immerhin zweiundvierzig Jahre, in keinem Bundesland der USA oder sonstwo registriert waren?“ „Es ist mir peinlich vor Ihnen zugeben zu müssen“, der Musiker blickte verlegen durch das kleine Bürofenster in das strahlende, sonnige Himmelblau, „dass ich bis dato bei meiner erst kürzlich verstorben Mutter in Tupelo, meinem Geburtsort in Tennessee, gelebt habe. Dort angemeldet war ich in der Tat nie, weil ich“ - der Sänger stockte im Satz und sah verschämt zu Boden - „im ältesten Gewerbe der Menschheit tätig war. Daher auch meine vielleicht etwas ungewöhnlich anmutenden Geschäftsbeziehungen. Sie können mir glauben, dass ich keinerlei Absicht hege, dem Staat Israel in irgendeiner Weise zu schaden.“ „Gut“, beschloss der um Sachlichkeit bemühte Israeli das Geschwätz des US-Amerikaners zu beenden, wenn ihn nur nicht dessen leicht spöttisch blickenden, charismatisch leuchtenden Augen aus der Fassung brächten. Denn es waren zweifelsohne dieselben Augen des Westernhelden, den er zusammen mit seiner Frau vor wenigen Wochen in einem Spielfilm einer Elvis-Retroperspektive bewundert hatte. „Ich hoffe für Sie, dass Sie mir nichts vormachen“, der Agent legte eine kurze Pause ein, „aber als Elvis-Kenner müssten mir sagen können, ob er einen Sohn auf Erden hinterlassen hat?“ „Ja - einen unehelichen, für welchen er zwei Millionen Dollar gezahlt hat. Aber dieser Zufallssprössling bin ich nicht“, lachte Elvis. „Zufälle gibt es nicht. schloss Schawit die Akte >EAP<, „ich werde Ihre Angaben schriftlich dem

FBI mitteilen. Sie müssen sich auf eine strafrechtliche Anzeige durch die US-Steuerbehörde gefasst machen - egal, wieviele Damen in Ihrem Gewerbe für Sie aktiv waren. Schalom!"

Elvis liess sich auf eigenen Wunsch hin zu einer belebten Ein-kaufsmeile in Tel Aviv fahren, wo er ausstieg und eine Passantin nach einem Geschäft fragte, in dem Handys zu haben seien. Er landete in einem grell erleuchteten, mit lauten Popklängen unterlegtem Megashop für moderne Kommunikationsmittel. Gebannt starrte er auf einen grossformatigen Bildfläches eines TV-Gerätes, auf dem eine Musikshow mit Robbie Williams zu sehen war. Dieser Witzbold mit der hellen, japsenden Stimme sei nun einer seiner Nachfolger, dachte er zornig, gleichzeitig den Tränen nah. Mit aufgerissenen Augen verfolgte er, wie sich der Sänger unter teuflisch perfekten Lichteffekten mit einem Kran in die musikalische Kampfarena liften liess. Die Königskrone reiche diesem Clownsgesicht nicht mehr, entrüstete sich der Ex-Star, nein - er liesse sich, obgleich noch nicht einmal verstorben, lebend als ausserirdische Lichtgestalt vom Publikum feiern, welches entweder artig auf seinen Plätzen weilte oder im monotonen Gleichklang vor der Bühne die Arme in die Höhe recke. Der Zeitreisende wanderte zu einem anderen Gerät, wo ein Auftritt von Amy Winehouse zu bewundern war. Welch' aussergewöhnliche Soulbegabung, stellte Elvis verzückt fest. „Die Lady ist stoned wie Janis Joplin auf die Bühne gewankt und nun gleichfalls mausetot", sprach ihn ein Verkäufer an, dessen Oberarme mit Tattoo-Motiven gespickt waren. Entsetzt blickte Elvis auf die mit Zweigen voller Rosenblüten, um die sich züngelnde Schlangen wanden, dekorierte Haut." „Hast du ein Problem? Das ist keine KZ-Nummer, sondern ein punktiertes Kunstwerk." „Zu meiner Zeit haben das nur Outlaws getragen", stiess Elvis entsetzt hervor. „Es gibt keine Kunst ohne einen echten Schmerz, Mann! Jeder ist durch irgendetwas gezeichnet. Das Reine gibt es nicht ohne das Schlechte oder umgekehrt", sagte der Verkäufer, „wenn du weißt, was du haben willst, gib' mir Bescheid." Verwirrt betrachtete Elvis die Angebote. Er betastete digitale Foto- und Videokameras, winzige Tonaufnahmegeräte, schnurlose Mikrophone, begutachtete Faxgeräte, PC-Drucker, Anrufbeantworter, vertiefte sich in TV-Receiver, CD-Player und DVD-Geräte. Wühlte in Schnäppchenangeboten von CDs. „Sie haben mich nicht vergessen!", rief er beglückt, in den Händen den silbern glitzernden Mitschnitt des „Aloha from Hawaii"- Konzertes haltend.

XII.

Endlich habe er wieder Zugang zu der Wirklichkeit um ihn herum gewonnen, dachte der Sänger erfreut und beäugelte sein gerade erstandenes neues, pinkfarbenes Smartphone mit Chipkarte. Aus echter Dankbarkeit über seine wiedergefundene, persönliche Freiheit wählte er mitten in der Einkaufsmeile stehend die alte, ihm immer noch geläufige Telefonnummer seines ehemaligen Zahnarztes in Memphis, den er zu seinen Glanzzeiten mitten in der Nacht wachgerüttelt und aufgesucht hatte. Enttäuschenderweise meldete sich ein Architekturbüro. Ihm fiel die Zahlenfolge der Nummer seines Kostümschneiders in Las Vegas ein, die er nun voller Eile in die Tastatur eingab. Während Elvis herzklopfend dem anfragenden Signalton am Ohr lauschte, dachte er an die schillernden, begeisternden Gewänder, die der Modedesigner nur für ihn allein kreiert hatte. Tatsächlich meldete sich sogleich die ihm vertraute Männerstimme. „It's me, Elvis!", stotterte er bewegt. „Okay, man! Since thirtyeight years you are living in the garage next to me, I know!", hatte die das Gespräch sogleich beendet. Ernüchtert und in sich gekehrt wandte sich der King des Rock'n Roll an eine Gruppe von jungen Leuten, die auf dem Gehpflaster hockten und gemeinsam Plakate beschrifteten. Mit den Schlagworten: „No higher living costs!", „Against rent profiteering!" oder „Studies - only free of charge!" In der Gruppe befand sich ein dünnes Mädchen mit langem, strähnigen Haar, das auf einem Kissen auf dem Gehsteig sitzend auf seiner Gitarre spielte. „Du singst den Beatles-Titel "Something" wie eine Katze, die einen Haufen aufgescheuchter Vögel verschrecken will, Kleines!", hockte sich Elvis neben die junge Frau. „Du besitzt zwar eine zarte, dennoch liebliche Stimme. Versuche die in einer Tonlage zu halten. Mache keine, Dich überfordernden Schritte. Bedenke, der Atem ist der Freund Deines Lebens. Einen besseren bekommst Du nicht", freute er sich über ihre musikalischen Fortschritte. „Überlege Dir, warum Dir eine Textsilbe gefällt und aus welchem Grund. Stell' Dir vor, Du liegst zusammen mit ihr im wohligen Schaumbad." „Hast du Beziehungsprobleme, Daddy?", fragte Naomi ihren Lehrer forsch, der sich die Tränen hinter seiner Schmetterlingsbrille aus den Augen wischte. „Nein", antwortete Elvis tapfer, „ich bin einfach froh, noch einmal hier gewesen zu sein." „Oh - es gibt viele, ältere und alte Leute, die in ihrem Leben nach Jerusalem reisen, bevor sie sterben." „Mir geht es gut", entgegnete der Sänger, „du erinnerst mich an eine rote Blume, die die Hawaiianer verehren. Kennst Du einen Elvis-Song?" „Elvis? Hatte der nicht ein Blasorchester?" „Was willst Du aus Deinem Leben machen, Naomi? Hast Du Träume?" „Nach meinem Wirtschafts- und Sprachenstudium werde ich nach Brasilien auswandern. Dort gibt es gutbezahlte Jobs", erwiderte das Mädchen, „ich bin für die praktischen und nützlichen Dinge." „In meiner Jugendzeit schien die Welt für uns unendlich viele Abenteuer bereitzuhalten." „Für mich gibt es nur die Kugel Erde, auch Globus genannt. Auf seiner Oberfläche kann man bekanntlich herumreisen und sich neue Ziele stecken." „Hast Du Angst vor neuen Kriegen?" „Natürlich. Es trampeln so viele Menschen auf diesem Planeten herum, dass er bald aus allen Nähten platzt. Ich singe jetzt den Cat Stevens-Titel "Moonshadow". Du kannst mir zuhören und mir weitere Rat-schläge geben!" Aus seiner Hosentasche zog Elvis einen gefalteten Zettel, dem ihm Martha am Morgen zugesteckt hatte: „Larry landet um vierzehn Uhr auf dem Airport. Wir treffen uns um siebzehn Uhr im Antiquitätenladen und Kultshop >Gad-Glück<." Auf der Rückseites des Papieres fand er ein neues Gedicht der Malerin in ihrer Handschrift:

„Möchtest du eine Traube?", fragt dich ein Fremder,
der dich sanft aus einer Totenlandschaft,
aus einem tiefen Schlaf, erweckt.
„Aber du bist am Leben!",
stellst du überrascht fest.

Vor dem Fenster purzeln die reifen Tannenzapfen herab.
Ein winziges Ahornblatt wirbelt durch die Lüfte.
Im Herbststurm entfesselt heben, senken sich die Äste.
Sonnengereifte Früchte leuchten
in der gelbgoldenen Oktoberwärme.

Die Erde steht Kopf und versinkt in den Fluten.
Dein koboltblaues Halstuch schippert nun in den Wogen
des Meeres. Mit Tränen bestickt.
Noch einmal -
feiert sich der Globus ins Lot.

XIII.

Der alte Mann durchspähte die Ladenregale, auf denen jüdische Kulturgegenstände angeboten wurden. Das Geschäft „Gad" lag in einer der vielen Gassen in der Jerusalemer Altstadt. Einen weiteren Chanukkaleuchter könne er gebrauchen, überlegte Larry. Durch die Ladentür stürzte ein Koloss von Mann mit weit geöffneten Armen auf den Freund seines Lebens zu. „Du siehst toll aus, alter Junge!", übertrieb er etwas den jetzt Fünfundsiebzigjährigen anstrah-lend, „ungezählte Male sind wir gemeinsam nach meinem Nach-mittags-konzert in den verwilderten, exotischen Garten - hinter dem mächtigen Las Vegas Hotel gelegen - spazierengegangen. Niemand hat es gewagt, uns beide anzusprechen. Das waren vielleicht die schönsten Momente, die ich hatte!" „Bist du dir da ganz sicher, mein schöner Prinz?", freute sich Larry, welcher dem Rockstar zehn Jahre lang die Haare gewaschen, geschnitten, getönt und ge-föhnt hatte. Trotz seines hohen Alters hatte Larry seine ansehnliche, feminine Figur halten können. Allein die Haarpracht war schütter und grauweiss geworden, die Gesichtshaut von tiefen Furchen und Runzeln gezeichnet. „Wie traurig war mir zumute", nur zögerlich löste sich der alte Mann aus der heftigen Umarmung seines Freun-des, „als ich deinen einmal so begehrenswerten Körper als Leich-nam sah. Dich aufgebahrt im Sarg zum letzten Mal frisierte. Von den Gerichtsmedizinern aufgeschnitten und zusammengenäht wie ein verschmähter, verstossener Strassenhund. Mir war so elend zumute, Elvis!" Larrys hellbraune, mit einem leichten Schalk in die Welt blickenden Augen blickten toternst. *„You ain't nothing but a hount dog. You ain't never been to Colorado and you ain't never caught a rabbit"*, erfüllte eine helle Stimme den Raum. Mit einem korngelbgoldenen, schwingendem Hängerchen bekleidet betrat Martha den Laden. „Ah - das ist ja unsere Dame mit den heimlichen Zauberkräften", sagte Elvis.

Schweigend stiegen die drei Personen die Steinstufen in Richtung West Wall hinauf. Zärtlich sah Elvis auf Marshmarigold, die still neben ihn lief. Die Form ihres hübschen Hängerchens ähnelte der Mode der sechziger Jahre, was den Sänger wehmütig stimmte. Er hatte in dieser kurzen Zeit, die er das zweite Mal auf der Erde verbracht hatte, den Eindruck gwonnen, dass sich die Menschen trotz der vielen, neuen Kommunikationsmittel nur scheinbar näher gekommen seien. „Im Netz chattet doch jeder nur seine eigene Meinung. Die des anderen ist ihm doch egal. Wenn er will, kann jeder jeden niedermachen!", hatte Martha gefrotzelt, „vieles von dem, was da berichtet wird, ist gar nicht wahr." „So wie meine Rückkehr!", lachte Elvis. Still lächelte Martha den Sänger an. Wie nur, überlegte sie im Gehen, könne sie den Musiker davon überzeugen, dass es für sie besser sei, weiter mit ihm zu reisen. Ächzend und unter grösster physischer Anstrengung folgte der alte Larry dem Paar. Aus seiner verbeulten Jackentasche zog er zwei Kipas, von denen er Elvis ein Exemplar reichte. Es sei neulich in Memphis schon eine tolle Sache gewesen, dachte der Friseur, für einen kurzen Moment erneut wie ein vierzigjähriger, vitaler Mann zu empfinden und dem Rockbarden noch einmal zu begegnen. Und doch schien der hochbetagte Mann jetzt beinahe glücklich darüber zu sein, seine ihm gegebene Lebenszeit fast hinter sich gebracht zu haben. „Es dreht sich heute alles nur um Erfolg, Lebensstandard und Finanzanlagen", unterbrach er das Schweigen, „darum, die eigenen Interessen möglichst rücksichtslos umzusetzen. Der Messias würde es angesichts von Tsunamis, Waldbränden, Erdbeben und Überflutungen, angesichts von Wirtschaftskrisen, Bürgerkriegen und Terroranschlägen nicht länger als zwei Tage auf diesem Planeten aushalten, Elvis!" „Damit triffst du den Kern, Larry!", erwiderte der, „wie immer wird er es vorziehen, nicht zu kommen. Ich war ein widerlicher Aufsteiger und Emporkömmling, nicht wahr - Martha?" Elvis war stehengeblieben und blickte auf die jahrhundertealte, zwanzig Meter hohe West Wall, aus der wild spriessende Grasbüschelchen quollen und in deren steinernen Zwischenräumen abertausende, nicht zählbare Zettelchen steckten. Er griff zu einem kleinen Schreibset, das er sich am Tag zuvor bei Martha ausgeliehen hatte. Zog einen Stift heraus, mit dem er das Papier bekritzelte. „Mein Herz schlägt wieder“, sagte er benommen, „ich habe ein kurzes, jedoch furioses Leben gehabt und möchte mich dafür bedanken. Vielleicht besass ich sogar eine Macht, über die nur wenige verfüge. So die Fähigkeit, Menschen mit meiner Stimme zu verzaubern. Getäuscht habe ich sie nicht. Ich hatte viel Spass.“

XIV.

Melancholisch gestimmt besah Elenora die Dinge, die das spurlos verschwundene, amerikanische Paar im Kibbuzzimmer zurückgelassen hatte. Neben einigen durchaus als gelungen zu betrachtenden Zeichenentwürfen, welche den geschmeidigen Sänger in seiner ganzen Leibesfülle, mit seinem ebenmässigen Gesicht wiedergaben, fand sich auf seinem Gästebett nur ein pinkfarbenes, nagelneues Smartphone und ein grünblaugraulilanes Ringelhemd. Nichts weiter wies auf die einstige Existenz dieses ungewöhnlichen Pärchens hin. Irgendwie habe es noch Ecken und Kanten besessen, sich aneinander gerieben und gegenseitig bestärkt, sich vor allem mit seinen Schwächen und Fehlern respektiert, stellte die Frau fest. Es habe wenig von diesen modernen Paaren gehabt, die ihr manchmal vorkamen wie gestresste Zweckgemeinschaften, welche die Wirtschaftlichkeit in den Mittelpunkt ihrer Beziehung gestellt hätten, sondern eher etwas von einer schweigsamen Schicksalsfreundschaft - ohne dabei besondere Ansprüche an den anderen zu stellen. Das letzte Mal - so wurde ihr berichtet - habe man die zwei in der Nähe der Mossada-Ruinen gesehen. Der Musiker und die Malerin hätten nebeneinander auf einem Sandhügel gesessen und stundenlang auf die Wüste geschaut. Zwei salzüberkrustete, vertrocknete, kaum mehr identifizierbare Pässe habe man schliesslich am Ufer des Toten Meeres entdeckt. Die gesamte Nacht hindurch hatte Elenora schlaflos vor dem PC verbracht, sich Filmausschnitte und Fotos angesehen. Könnte ihre Vermutung zutreffen, grübelte sie, dass es sich bei dem Mann mit der tollen Stimme um das längst verstorbene, amerikanische Musikidol aus Memphis handelte? Eine Spielszene aus dem Fim "*Stay away, Joe!*" hatte ihr besonders zugesagt. Sie zeigt Elvis als liebenswerte Rothaut, die von den weissen Männern endlich akzeptiert werden möchte. Ein Sturzbach an Regen prasselt auf Elvis herab, der in Begleitung von wuseligen

Hunderüden Schutz unter eine Plastikplane in einem Autowrack findet. Bereitwillig akzeptiert der Indianer die unabänderliche Flut und seine Lage. Er singt den schwarzen Blues.